LIDERAZGO

LIDERAZGO

BRIAN TRACY

Harper*Enfoque*

Traducción y edición: *www.produccioneditorial.com*
Adaptación del diseño al español: *www.produccioneditorial.com*

ISBN:978-1-4003-5323-1

CONTENIDO

Introducción   1

1   Los líderes se hacen, no nacen   5

2   Sentido de misión   9

3   Orientación hacia la acción   14

4   La cualidad de la valentía   18

5   El líder como estratega   22

6   La capacidad de inspirar y motivar   27

7   Comprometerse para ganar   33

8   El líder como comunicador   37

9   Aprender de la adversidad   42

10   Construir un equipo campeón   46

11 Centrarse en los resultados 49

12 El deseo de liderar 53

13 El papel de la autoestima en el liderazgo 58

14 Liderar con el ejemplo 63

15 Automotivación para líderes 67

16 Desarrollar cualidades de liderazgo 70

17 Poder por medio de la cooperación 75

18 Liderar por consenso 81

19 Los líderes escuchan 86

20 Vivir como un líder 89

21 Integridad: la cualidad esencial del liderazgo 93

Índice 98

Acerca del autor 103

Introducción

OLIVER WENDELL HOLMES, juez de la Corte Suprema, dijo una vez que hay tres tipos de personas. Hay gente que hace que las cosas ocurran, hay quienes observan lo que está pasando y están los que no tienen la menor idea de lo que está pasando.

En este libro vamos a hablar acerca del liderazgo en acción y acerca de las personas que hacen que las cosas ocurran.

Existe una necesidad de liderazgo en nuestra sociedad. Existe la necesidad de liderazgo en nuestros hogares, en nuestras organizaciones y negocios, en nuestras asociaciones públicas y privadas y en nuestro gobierno. Necesitamos el liderazgo más que nunca antes. Y especialmente necesitamos un liderazgo que nos conduzca hacia el futuro. Necesitamos gente que tenga visión y valentía, gente con la capacidad de surcar nuevos mares y abrir nuevos caminos.

Necesitamos dos tipos de líderes. El primer tipo es el más importante o fundamental: el líder *transaccional*. Este líder es la persona que hace que las cosas se hagan con y a través de los demás.

El segundo tipo de líder que necesitamos es el líder *transformacional*. Este es el que abre caminos. Es el líder visionario. Es el líder que motiva, levanta, inspira y empodera a la gente para que responda en niveles que van más allá de cualquier cosa que hayan hecho antes.

La razón por la que necesitamos el liderazgo tan desesperadamente en nuestras instituciones, y especialmente en nuestros negocios, es porque las personas que trabajan en los negocios e instituciones de hoy son mucho más difíciles y demandantes, mucho más analíticas y más egoístas que nunca.

Ya no es suficiente con darle a alguien un trabajo y decirle a esa persona lo que tiene que hacer. La gente quiere participar. Quieren hablar de sus trabajos. Quieren análisis regulares sobre su rendimiento. Quieren saber: «¿Qué hay de bueno en esto para mí?». Hoy en día, cada vez más, cuando la gente sale a buscar un empleo, adoptan la actitud de «¿Por qué debería trabajar para ti?».

Una de las principales razones por las que van a trabajar para cualquier organización es el liderazgo. Hay dos grandes definiciones de liderazgo que me gustan, especialmente en lo que se refiere a las organizaciones empresariales. La primera es esta:

El liderazgo es la capacidad de provocar un rendimiento extraordinario en gente normal y corriente.

Otra definición es:

El liderazgo es la capacidad de conseguir seguidores.

Hoy, el liderazgo que proviene de la posición, del dinero o de la autoridad (lo que se llama liderazgo atribuido) tiene una vida corta. La única clase de liderazgo que perdura es aquel en donde la gente *decide* que van a seguir la dirección, la guía y la visión de otra persona. En otras palabras, es la forma voluntaria de seguimiento lo que marca a nuestros mejores líderes de hoy.

UNO

Los líderes se hacen, no nacen

HE ESTUDIADO EL LIDERAZGO durante muchos años. Empecé cuando era adolescente, y el primer líder que estudié en profundidad fue Aníbal de Cartago. Leí un libro tras otro acerca de las guerras púnicas, el talento de los elefantes de Aníbal cruzando los Alpes y las batallas contra los romanos. Él fue capaz de tomar una fuerza muy pequeña, formar con ella una poderosa fuerza de ataque, llevársela a miles de kilómetros y casi derrotar al mayor imperio de su tiempo.

Después de esto estudié a Escipión, el general que derrotó a Aníbal. Estudié la vida de Napoleón y Wellington también en profundidad, para comprender las diferencias entre los dos hombres. También estudié a Washington y a Lincoln y a los generales George Patton, Dwight Eisenhower y Omar Bradley, que fueron algunos de los grandes líderes de su tiempo.

Lo que descubrí es que los líderes se hacen, no nacen. Nadie viene al mundo siendo un líder natural. Incluso

Alejandro Magno estudió (desde los ocho años) para convertirse en líder.

Estudiar a los grandes

El estudio de los grandes líderes del pasado y del presente es uno de los modos más rápidos y seguros de desarrollar cualidades de liderazgo. Cuanto más estudies lo que constituye un liderazgo efectivo, más probable será que interiorices esos mismos valores y conductas. Estos a su vez se exteriorizarán en tus acciones y tus resultados.

Abraham Lincoln escribió: «Que alguien haya triunfado es la prueba de que otros también pueden hacerlo». Bertrand Russell, el gran filósofo, estaba de acuerdo con esto, y escribió: «La prueba de que algo se puede hacer es el hecho de que otros ya lo han hecho».

Piensa en los hombres y mujeres que conoces que son líderes que admiras, y después comienza a pensar cómo puedes emular sus conductas. Piensa cómo puedes parecerte más a ellos. Y he aquí, en un tiempo razonable, realmente comenzarás a absorber sus cualidades y tú mismo te convertirás en líder.

La historia de Alejandro

La historia de Alejandro Magno es muy instructiva para cualquiera que aspire a una posición alta de liderazgo. A la edad de quince años Alejandro se convenció de que su destino era conquistar el mundo conocido. Tuvo la visión de unir a toda la humanidad en una hermandad común. Con Aristóteles como profesor, estudió y se preparó durante muchos años. Aprendió las artes militares de su padre y de sus mejores generales. Se veía a sí mismo como un gran rey y tenía una fe inconmovible en su capacidad para conseguir cualquier objetivo que se hubiera propuesto.

Alejandro era brillante tanto en la administración como en la ejecución. Mostró tener un gran criterio al delegar y designar a los oficiales adecuados para las posiciones adecuadas en el momento justo. Era capaz de planear, organizar, analizar y ejecutar de forma brillante.

En la batalla de Arbela guió a sus cincuenta mil hombres a un ataque frontal completo hacia el ejército persa formado por una fuerza de un millón de hombres y los venció. Nunca había considerado la posibilidad de la derrota. Tenía una confianza plena en sí mismo, en sus hombres y en su capacidad para sobreponerse a cualquier dificultad, sin importar las abundantes probabilidades en su contra.

Alejandro, al igual que todos los grandes líderes, tenía la capacidad de organizar a sus hombres e inspirarlos para que sobrepasaran cualquier cosa que hubieran hecho antes. Tenía la capacidad de concentrarse en sus puntos fuertes y centrarse en las áreas importantes que eran esenciales para la victoria. Su vida y su historia son un ejemplo que aúna todas las cualidades del gran liderazgo que han sido identificadas en cada estudio del tema.

Mírate a ti mismo como un líder

En la introducción expresaba la idea de que hay un abanico de gente en el que, al final de todo, encontramos a personas que no tienen la menor idea de lo que está pasando (y no les puede importar menos), mientras que arriba de todo están el uno o dos por ciento de personas en nuestra sociedad que realmente son las bujías de los motores del cambio. Cada uno de nosotros está en algún lugar de ese espectro, subiendo o bajando dependiendo de las cosas que hacemos y decimos diariamente.

Si quieres ser un líder o un líder mejor, recuerda que todo depende de ti. Está en tus manos, o, aún más importante, en tu mente. Eres lo que piensas. Tu imagen de ti mismo determina tus resultados. Puedes convertirte en un líder mucho más eficaz al cambiar tu concepto de ti mismo: el modo en que piensas en ti como líder.

Todo comienza con la ley de la causa y el efecto. Es una ley básica del universo; el resto de leyes de los campos de las matemáticas o cualquiera de las ciencias están sometidas a esta ley, que dice que por cada efecto hay una causa. Nada sucede porque sí. La implicación de esta ley es poderosa. Significa que el éxito de cada persona tiene una o varias causas. Así que, si quieres ser tan exitoso como otra persona, si quieres emular a la gente exitosa, cómo actúan y lo que consiguen, entonces averigua lo que hicieron ¡y haz tú lo mismo! Haz las mismas cosas que hacen las personas con éxito, una y otra vez, y finalmente obtendrás los mismos resultados.

Una ley relacionada con esta es la ley de la creencia. Afirma que si tú crees en algo con convicción, lo que crees se convertirá en realidad. O, diciéndolo de otro modo, eres lo que crees que eres. El filósofo William James dijo: «La creencia provoca el hecho real».

El propósito de este libro es capacitarte para que te conviertas en un líder; y si ya lo eres, te capacitará para convertirte en un líder más eficaz. Lo haré describiéndote algunas de las cualidades, atributos y conductas de los líderes más eficaces de nuestra sociedad para que puedas emular sus cualidades y las conviertas en tu realidad.

DOS

Sentido de misión

LOS LÍDERES TIENEN una visión y un sentido de misión que eleva e inspira a hombres y mujeres para ayudarlos a conseguir esa misión. De hecho, en cada uno de nosotros está el deseo de comprometernos con algo más grande que nosotros mismos; los líderes tienen la capacidad de aprovechar esa raíz de motivación, impulso y entusiasmo que nos permite comprometernos para conseguir esa visión.

Como líder, pues, tienes que tener un objetivo que emocione e inspire. Y los únicos objetivos capaces de hacer eso son los cualitativos. Nadie se emociona ni se inspira por elevar el precio de las acciones, o por hacer más dinero o conseguir un aumento. Pero nos sentimos inspirados y emocionados por ofrecer un producto o servicio a la gente que lo necesita, y por ser los mejores y conseguir un gran éxito en un campo competitivo.

Esfuérzate para ser el mejor
Como líder, la visión más importante que puedes tener para ti mismo es ser el mejor. Y esa misma visión debe aplicarse

a tu negocio o tu organización. No aceptarás nada menos para ti o tu compañía que ser el mejor en lo que haces. En los negocios eso significa preguntarse:

¿Qué cualidad de tu producto o servicio es más relevante o importante para tus clientes?

Una vez hayas identificado esa cualidad, centra todas las energías y la creatividad de tus empleados y gerentes en conseguir un rendimiento superior en esa área.

Tenemos que ser los mejores. No te sentirás bien, o tan bien como podrías sentirte, o capaz de realizar cosas extraordinarias, a menos que te hayas alineado con las mejores personas de tu campo y estés haciendo el mejor trabajo que la gente es capaz de hacer.

Infunde significado y propósito

Dedicarse a una misión le da significado y propósito al trabajo. Como seres humanos necesitamos significado y propósito tanto como necesitamos comida, agua y aire. Necesitamos una sensación de importancia. Y los líderes son esas personas que nos hacen sentir importantes. Ellos nos hacen sentir primordiales y nos recuerdan que lo que estamos haciendo tiene un valor más allá del trabajo diario. Nos hacen sentir que somos una parte integral del equipo de la misión.

Existen cuatro maneras de hacer que la gente se sienta importante, y cada una de ellas comienza por la letra *A*. La primera es el *aprecio*. Aprovecha cada oportunidad para darle gracias a la gente por la calidad de su trabajo y su papel a la hora de convertir la compañía en un éxito. Siempre que agradeces a los individuos ellos van a sentirse más valorados y estarán más motivados para justificar tu fe en ellos.

El segundo modo de hacer que la gente se sienta importante es mostrando *aprobación*. Alaba a la gente en cada oportunidad, por cada logro, sea grande o pequeño. Elógialos también por sus sugerencias y puntos de vista: por lo que piensan. La gente se tomará los elogios emocionalmente. Su autoestima y su valor incrementarán. Pero es importante elogiarlos inmediata y específicamente, para que la gente sepa que es genuino.

El tercer modo en que puedes fomentar una sensación de importancia y valor en una persona es por medio de la *admiración*. Halágalos constantemente, ya sea por sus rasgos, como la persistencia, o por sus posesiones, como la ropa, o sus talentos.

Tal vez el modo más importante de hacer que la gente se sienta importante y valorada es por medio de la *atención*. No van a dedicarse a los objetivos de la organización si se sienten continuamente ignorados. No van a sentirse como jugadores clave en la misión si solo reciben órdenes sin tener una oportunidad para aportar o comentar. La atención significa escuchar a la gente sin interrumpir. No tienes que aceptar sus sugerencias ni estar de acuerdo con lo que dicen. Pero ofréceles una oportunidad para decirlo.

Una causa común

Un buen objetivo o misión ofrece una idea clara de dirección no solo a la organización, sino a cada persona de la organización.

Un buen objetivo unifica a todos en una causa común. Por ejemplo, IBM es uno de los grandes líderes industriales de la historia de los negocios. Uno de sus objetivos es dar el mejor servicio al cliente de cualquier compañía del mundo. Una de sus misiones es ser conocida como la compañía que cuida a sus clientes. Esta misión, que implica un objetivo cualitativo y no cuantitativo, emociona e inspira a la gente de toda la compañía porque piensan y hablan de ello todo el tiempo. Creen que son los mejores y que nadie cuida a los clientes como lo hacen ellos en IBM. Todos los de la compañía saben que su trabajo, de uno u otro modo, está relacionado con cuidar a los clientes, y este conocimiento unifica a todo el mundo en una causa común.

La misión de una compañía a menudo se verá condensada en una declaración de la misión. Una declaración de misión es una frase clara de por qué la compañía existe en primer lugar y cuál es su objetivo global o propósito. Estas declaraciones normalmente implican al cliente de alguna manera; por ejemplo, cómo tu producto o servicio va a ayudar a hacer mejor la vida del cliente. El fundador de YouTube Chad Hurley quería que la gente fuera capaz de mandar videos caseros por Internet. La misión de Charles Schwab era ser «la compañía de servicios financieros más útil y ética». Los fundadores de Google Larry Page y Sergey Brin quería hacer más sencilla la navegación por Internet.

¿Por qué existe tu compañía? ¿Cuál es su causa?

El propósito central de todo negocio

Para un líder de negocios hay un propósito central por encima de todo, y es el de conseguir y servir a los clientes. Los líderes hacen de los clientes de la organización el enfoque central. Toma el ejemplo de Nordstrom, cuyos líderes piensan incesante y continuamente en sus clientes. IBM piensa y habla solo de sus clientes. Más y más compañías se están obsesionando con el cliente. Como ves, una vez que todos están de acuerdo en quién es el cliente y que el propósito de la compañía es satisfacerlo del mejor modo posible, entonces es fácil unir a todo el mundo.

De hecho, creo que tú puedes decir lo bien que está siendo liderada una organización realizando una prueba muy simple. Cuando estés en esa organización, mira y escucha cómo se refiere la gente al cliente. En una buena organización siempre se habla de ellos con respeto. Siempre se refieren a ellos con orgullo, como si fueran realmente importantes. Cuando un cliente llama, es una ocasión importante. Y cuando un cliente tiene un problema y se le ayuda, es un motivo de celebración. Cuando un cliente llama y está contento o satisfecho con un producto o servicio, todo el mundo asume una tremenda sensación de orgullo y realización.

En tu organización, ¿cómo habla la gente del cliente?

Digamos que gestionas un departamento que provee servicios a otro departamento dentro de la organización. Ese otro departamento es tu cliente. Quien sea que tenga que usar lo que tú produces en tu área de responsabilidad es tu cliente. Y los líderes tienen que estar muy centrados en satisfacer a ese cliente.

Si vas a ser un líder de negocios, de un departamento o de cualquier organización, tienes que parar y pensar en cuál va a ser la visión o el propósito global para ese negocio o departamento. Es la determinación de una misión de ser el mejor lo que hace algo para ayudar a los demás, que es el punto de partida de tu ascenso y llegada a lo alto del liderazgo.

TRES

Orientación hacia la acción

CUANDO MIRAS la vida de Napoleón o de Alejandro Magno, de Florence Nightingale o de la Madre Teresa, descubrirás que eran hombres y mujeres increíblemente activos todo el tiempo. No eran contemplativos ni esperaban que las cosas sucediesen. Eran personas que tenían una idea, un concepto y una misión, y después se lanzaban.

Los líderes son innovadores y emprendedores. Emprendedor viene del latín *prehendo* que significa «tomar, alcanzar, descubrir». Innovar significa intentar cosas nuevas y ponerse a trabajar en ellas. Los líderes no analizan las cosas hasta la extenuación.

Este es el lema del líder de negocios de hoy: hazlo. Arréglalo. Inténtalo. Viene del libro de Tom Peters *En busca de la excelencia*, donde dice que las mejores empresas son aquellas que hacen más intentos, perforan más agujeros y se implican. No dudan y emplean meses y años en el análisis; ellos salen y hacen algo. Como dicen: «No hagas cualquier cosa; avanza».

Cómo la acción ahorró dos millones de dólares

Los líderes están orientados hacia la acción personalmente. Constantemente empujan hacia delante a sus compañías, pero también ellos mismos son siempre activos. No dejes para mañana lo que puedas hacer hoy.

La procrastinación es lo contrario a la acción. Los líderes no procrastinan, o de otro modo no serían líderes. Esta es una lección que aprendí bien pronto en mi carrera. Cuando trabajaba para una gran compañía mi jefe me pidió que volase a Reno para comenzar con un trabajo de expansión en una propiedad de dos millones de dólares que la compañía estaba comprando. Él dijo que podía ir a lo largo de las dos semanas siguientes. Yo no era un líder en la compañía en ese momento, pero como nunca había dejado nada para más tarde, decidí ir la mañana siguiente. Tan pronto como llegué a Nevada y comencé a reunirme con gente, incluyendo al ingeniero jefe del trabajo de expansión en esa propiedad, sentí que algo malo pasaba allí. Al final del día, solo unas pocas horas antes de que se cerrara supuestamente el trato, comprendí lo que estaba mal: la propiedad no tenía ninguna fuente de agua y no se podía construir allí. Al pasar a la acción inmediatamente, evité que mi compañía gastase dos millones de dólares en un trozo de tierra sin valor. No hace falta decir que mi jefe se puso contento, y al cabo de un año yo dirigía tres divisiones y tenía un equipo de cuarenta y dos personas.

Piensa más allá

Los líderes piensan más allá. La mayoría viven en el futuro. Están centrándose continuamente en sus pensamientos de futuro: qué será y cómo crearlo. La mayoría de los que no son líderes se centran en el presente y en el pasado. Pensar más allá significa establecer una serie de objetivos y centrarte todos los días en avanzar hacia ellos.

Los líderes siguen estos siete pasos para conseguir sus objetivos:

1. *Identifica tus metas mayores.* Decide exactamente qué quieres conseguir, ya sea en tu negocio o en tu vida. La claridad es esencial.

2. *Escríbelo.* Sé específico y detallado. Hazlo mensurable. Como ejemplo, tu objetivo podría ser doblar tus ventas en los próximos dos años. Así pues, escríbelo. Si tu objetivo no está por escrito, no es nada más que una vaga fantasía.

3. *Establece una fecha tope para conseguir el objetivo.* Si es un objetivo grande, entonces divídelo en trozos pequeños y establece fechas tope para cada una de esas piezas. Nos sentimos activados por objetivos con un tiempo específico. Otórgate esas fechas límite.

4. *Haz una lista de todo lo que tienes que hacer para conseguir cada gran objetivo.* Sé exhaustivo. Según se te vayan ocurriendo más cosas, añádelas a la lista hasta que esté completa.

5. *Crea un plan de acción.* Aquí es donde tomas la lista y la conviertes en pasos específicos. Hay dos cosas en las que pensar: prioridad y secuencia. ¿Qué puntos de la lista son más importantes? ¿Qué debería hacerse primero? Cuando establezcas las prioridades recuerda la regla del 80/20: el veinte por ciento de las cosas que harás contarán para el ochenta por ciento de tus resultados. No te interesa gastar el tiempo en cosas que no tienen importancia. No te interesa que tu gente gaste el tiempo en cosas que no tienen importancia. Identifica lo que realmente va a ayudarte a ti y a tu organización para conseguir sus objetivos. En cuanto a la secuencia, tienes que identificar exactamente qué es necesario que se haga antes de hacer otra cosa. Cualquier plan va a tener actividades que dependan de que otras se hagan. Además, identifica las limitaciones, las restricciones o los obstáculos que se interpongan en tu camino. La prioridad es importante de nuevo. ¿Cuáles son los obstáculos más importantes? ¿Qué cosas son las que necesitas superar completamente antes de poder conseguir tu objetivo?

6. *Entra en acción.* Ahora que tienes un plan y que conoces los obstáculos del camino que tienes por delante, debes actuar... inmediatamente. No puede haber más retrasos. Muchas personas fracasan porque no entran en acción con sus objetivos y planes. Los líderes no cometen ese error.

7. *Haz algo cada día.* Cuando te levantes por la mañana planea tu día y entonces haz algo, lo que sea, que te acerque hacia la consecución de tus objetivos.

Peter Drucker escribió: «La responsabilidad del líder es pensar en el futuro; nadie más puede». El planificador estratégico Michael Kami dice: «Aquellos que no piensan en el futuro no pueden tener uno». El escritor y experto en gerencia Alec Mackenzie dice: «El mejor modo de predecir el futuro es creándolo». Los líderes crean el futuro estableciendo objetivos y avanzando paso a paso, día a día, hacia ellos.

CUATRO

La cualidad de la valentía

LA VALENTÍA ES UNA de las cualidades más importantes del liderazgo. Es la que hace que el líder se lance, y también es la que provoca que la gente se concentre alrededor de la bandera del líder. La valentía, algo maravilloso, puede desarrollarse. No es algo con lo que naces, sino algo que puedes aprender.

La valentía es como un hábito. Puedes desarrollar el hábito de la valentía practicándolo. Siempre que tengas tendencia a dudar o a retirarte de un desafío, fuérzate a seguir adelante. Dirígete siempre hacia las cosas que temes. Desarrollas el hábito de la cobardía al apartarte o evitar aquellas cosas o personas que temes. Debes ir en la otra dirección. Todos los días debes tomar el hábito de enfrentarte a las cosas que temes, enfrentarte a las personas o situaciones que temes. Cada vez que enfrentas un miedo y lo vences, tu valentía crece. Al final, simplemente por hacer de forma continua las cosas que temes, ya no tendrás miedo de nada.

Una de las claves de la valentía es el atrevimiento. Una de mis frases favoritas es: «Actúa con audacia y fuerzas invisibles vendrán en tu ayuda». Yo he trabajado con muchos hombres y mujeres que han tenido un gran éxito en los negocios y que tenían talentos, capacidades y recursos limitados, aunque poseían la capacidad de lanzarse siempre que veían una oportunidad.

De algún modo, cuando te lanzas continuamente, las cosas comienzan a funcionar para ti. Las fuerzas, personas y circunstancias conspiran juntas para ayudarte a conseguir cosas de un modo que no hubieras podido soñar. Practica la audacia. Practica la intrepidez.

Una segunda clave de la valentía es la voluntad de iniciar la acción. Los líderes no esperan a que alguien haga algo. No puedes imaginar un general exitoso que espere a que el enemigo determine cuándo va a tener lugar un ataque. Los líderes están orientados hacia el ataque.

Uno de los generales que estudié fue Federico el Grande de Prusia. (Fue una de las pocas personas a las que se conocía en vida como «el Grande».) Siempre que se encontraba con el enemigo, sin importar lo grandes que fueran las fuerzas, atacaba. Si tu fueras una fuerza enemiga y te estuvieras enfrentando a Federico de Prusia, cuando él se encontrase contigo, te atacaría. Si él tuviera diez mil hombres y tú setenta mil, te atacaría. Su lema era: *de l'audace, de l'audace, et toujours de l'audace*. Audacia, audacia, siempre audacia.

Ahora bien, por supuesto que él perdió un montón de batallas, pero ganó las importantes y se convirtió en uno de los soberanos más destacados de su época. Al final otros líderes acabaron sabiendo que si se cruzaban con Federico de Prusia él siempre los atacaría con todas sus fuerzas para derrotarlos.

No pierdas el rumbo

Otra marca de valentía es la capacidad de no perder el rumbo. A menudo a esto se le llama paciencia valiente. Es por lo que Margaret Thatcher se hizo famosa como primera ministra de Reino Unido. No importa lo difícil que se vuelva, no importa cuánta tensión o estrés enfrentes, no pierdas el rumbo y agárrate fuerte. Algunas veces, si te mantienes en el rumbo suficiente tiempo y con suficiente intensidad, el sol se abrirá paso entre las nubes y comenzarán a ocurrir cosas a tu favor.

Cuando Alemania parecía lista para derrotar a Inglaterra y ganar la Segunda Guerra Mundial, Winston Churchill pronunció su famoso discurso en el que decía: «¡Nosotros nunca nos rendiremos!». Proclamó estas palabras desafiantes mientras otros le apremiaban para que firmara la paz con Hitler. En privado él explicó por qué se negó a abandonar. «Estudio historia —dijo—. Y la historia te dice que, si aguantas lo suficiente, siempre pasa algo». Tenía razón. Menos de un mes después de esta conversación privada los japoneses bombardearon Pearl Harbor, Hitler había declarado la guerra a Estados Unidos y la mayor potencia industrial del planeta había unido sus fuerzas con la Inglaterra de Churchill.

Atrévete a seguir adelante

Recuerda que el futuro pertenece a los que asumen riesgos. No hay grandeza en la vida de aquellos que evitan tomar riesgos.

Ahora bien, eso no significa que tengas que arriesgar la vida entera y todo lo que poseas. Solo significa que asumes riesgos calculados en la dirección de seguir adelante. Piensa en el peor resultado posible y haz todo lo posible para minimizar los riesgos innecesarios, pero entonces atrévete a seguir adelante. Tal vez no haya otra cualidad que distinga a los líderes de quienes no lo son que la voluntad y el atrevimiento de seguir adelante.

CINCO

El líder como estratega

LOS LÍDERES SON BUENOS estrategas y planificadores. De nuevo, he descubierto al trabajar con hombres y mujeres de éxito en los negocios que son muy, muy buenos planificadores. Se han tomado el tiempo de aprender, o de ser enseñados, cómo hacer un planteamiento estratégico.

El planteamiento estratégico significa tener una visión a largo plazo. Significa comprometerse con lo que se llama «pensamiento del panorama general». Los líderes observan todo lo que están haciendo y todas las cosas diferentes que pueden tener un impacto en ellos. Se miran a sí mismos como parte de un mundo más grande. Piensan cosas como: «Si hago esto, ¿qué es posible que pase? ¿Cómo responderán mis competidores; cómo responderán mis amigos y enemigos; qué hará el mercado?».

¿Qué puede pasar?

Los líderes son expertos en lo que yo llamo *pensamiento extrapolado*. Pueden predecir con precisión lo que va a pasar en el futuro basándose en lo que ocurre hoy. Miran las tendencias actuales de lo que los clientes están comprando hoy y deciden qué clase de productos y servicios comprarán o esperarán esos clientes en el futuro.

Los líderes también se anticipan a las crisis. No esperan hasta que pasa algo; siempre se están preguntando: «¿Qué puede ir mal? ¿Qué podría pasar que amenazaría mi negocio?».

Similar a este pensamiento extrapolado es el *pensamiento teleológico*, que significa que se proyectan hacia el futuro y observan los posibles resultados y consecuencias diferentes antes de actuar. Se dice que Napoleón ganó la mayoría de sus batallas en su tienda. Miraba el plano de la batalla y sus mapas, consideraba todo lo que podía ir mal y pensaba cómo respondería a cada una de aquellas cosas. En el calor de la batalla, cuando las cosas se ponían en su contra, él ya había pensado completamente qué hacer y era capaz de dar respuestas instantáneamente.

Los buenos estrategas siempre tienen ventaja sobre la gente que no se toma el tiempo de pensar por adelantado.

Construir un plan estratégico

Los líderes deben tener un plan estratégico para sus organizaciones. Hay seis preguntas clave que debes contestar para desarrollar un plan efectivo.

1. *¿Dónde estás ahora?* Cualquier plan estratégico comienza con una evaluación completa de la situación de la compañía. Si no sabes cuál es tu situación actual, no sabrás qué pasos tiene que dar tu compañía para conseguir sus objetivos estratégicos. Sé específico. Por cada unidad de negocio o área de producto determina tus ventas,

la rentabilidad, los activos, las tendencias y la posición competitiva.

2. *¿Cómo has llegado adonde estás hoy?* La honestidad es la clave aquí. ¿Qué decisiones te han conducido a tu situación actual? ¿Qué actividades de las que estás haciendo son importantes para tu éxito actual? ¿Qué actividades son innecesarias para adquirir y mantener clientes rentables? ¿Qué actividades podrían ser externalizadas pero se siguen haciendo?

3. *¿A dónde quieres ir desde aquí?* Una vez que hayas determinado dónde estás hoy y por qué (pasos 1 y 2), debes identificar dónde quieres ir. Sé detallado. Identifica, por ejemplo, los productos que estás vendiendo, la base de clientes a la que estás vendiendo y los resultados económicos que estarás obteniendo en el mundo ideal dentro de cinco años.

4. *¿Cómo llegas desde donde estás hoy hacia donde quieres estar?* Haz una lista de todo lo que tendrías que hacer para conseguir el futuro ideal que acabas de describir. Siempre que pienses en una nueva tarea, añádela a la lista.

5. *¿Qué obstáculos tendrás que superar para conseguir tus objetivos estratégicos?* Hay restricciones y factores limitantes que evitan que seas la compañía ideal descrita en tu plan estratégico. ¿Cuáles son esas restricciones y factores, y qué vas a hacer con ello?

6. *¿Qué conocimientos o recursos adicionales necesitarás para conseguir tus objetivos estratégicos?* Siempre hay nuevas competencias básicas que una compañía necesita adquirir o desarrollar para seguir siendo relevante a los clientes y estar a la cabeza de sus competidores. Por ejemplo, muchas compañías tienen ahora expertos en redes sociales en sus equipos.

La herramienta de planificar escenarios

Una de las mejores herramientas para la realización de un plan estratégico es una planificación de escenarios. Este proceso implica desarrollar tres o cuatro escenarios detallados que describan cómo podría ser tu compañía y el entorno empresarial en cinco, diez o veinte años. Cada escenario debe estar detallado en todos los aspectos, explicando qué productos vendes, quiénes son tus clientes, quiénes son tus competidores y qué hacen ellos de forma diferente, cuáles son las influencias exteriores o ambientales, como organismos reguladores, que están impactando a tu negocio y de qué manera. Una vez tengas el escenario futuro, vas retrocediendo hasta hoy e imaginas qué debes hacer —¡comenzando ahora!— para prepararte ante los escenarios. Si un escenario realista muestra a un competidor vendiendo más barato tu producto, ¿qué puedes hacer para prevenir esta situación?

Concentrar tus fuerzas

Un aspecto importante de una buena estrategia es concentrar tus fuerzas observando las fortalezas tuyas, de tu gente y de tu organización y centrándolas donde puedan marcar una diferencia mayor. También te interesa centrarlas en las áreas más débiles de tu oposición o competidor en el mercado.

No tiene sentido ir a la par con tu competidor en áreas donde ambos son fuertes. Pero siempre hay oportunidades en el mercado para que una compañía tome sus cualidades únicas, diferencie su producto o servicio y vaya tras un segmento de mercado específico donde sus competidores son débiles y donde pueda desarrollar superioridad. Aunque necesitas concentrar tus fuerzas, permanece también

alerta acerca de dónde eres vulnerable para tu competidor y piensa un poco en lo que llamamos el PRP: el peor
resultado posible. ¿Qué es lo peor que podría ocurrir en
términos de contratiempos? ¿Qué es lo peor posible que
podría ocurrir en términos de mercados, tasas de interés,
personal, respuesta competitiva, etcétera? Piensa en todos
estos escenarios para que si el mercado te da un toque de
atención, estés preparado con un plan.

Los planificadores estratégicos y los líderes tienen la
capacidad de reaccionar rápidamente porque han pensado
en lo que está pasando. No se ven inundados o arrastrados
por los acontecimientos. Tienen la capacidad de ver lo que
está ocurriendo, se hacen cargo de la situación y toman
decisiones para redistribuir sus activos y personas o retirarse en algunas áreas y avanzar en otras. En muchos casos
tu capacidad para reaccionar con rapidez a una circuns-
tancia adversa es una marca de liderazgo.

SEIS

La capacidad de inspirar y motivar

LA PERSONA MEDIA de nuestra sociedad trabaja a menos de un cincuenta por ciento de su capacidad, y a veces solo a un cuarenta. Los líderes sacan ese treinta, cuarenta o cincuenta por ciento de capacidad adicional de las personas y hacen que contribuyan mucho más allá de su rendimiento previo.

Factores de motivación

El primer paso es entender qué motiva a la gente, qué va a hacer que hagan ese treinta o cincuenta por ciento extra. Hemos identificado seis factores motivadores que son clave para convertir a los trabajadores comunes en excepcionales.

El primer factor motivador es darle a la gente un trabajo desafiante e interesante. Cuando los empleados no están comprometidos, los que no son líderes mirarán de culparlos a ellos. ¿Pero a esos empleados se les ha dado solo tareas mundanas que no son interesantes de ningún modo? Los líderes comprenden que para motivar a la gente tienes que darles una razón para esa motivación. Dales un trabajo que los desperece, les haga salir de su zona de confort y los ayude a crecer.

El segundo factor que motiva a la gente es una comunicación abierta. Los líderes no les dicen simplemente a sus empleados lo que tienen que hacer sin ninguna explicación de por qué lo están haciendo. Los empleados se inspirarán y motivarán si comprenden de qué modo sus tareas encajan en el cuadro general.

El tercer factor es la responsabilidad y el compromiso. Si a los empleados se les hace responsables de las tareas es mucho más probable que se comprometan con ellas. También aumentan su confianza y autoestima. Los líderes saben cómo apoyar a sus empleados al mismo tiempo que dan un paso atrás y les otorgan completa responsabilidad.

El cuarto facto es el crecimiento personal y la promoción. Si los empleados sienten que están avanzando en la capacidad o el aprendizaje de algo nuevo e importante, entonces estarán mucho más motivados a trabajar lo mejor posible.

Como quinto y sexto factores de motivación o inspiración están los que mucha gente piensa ¡que van primero! Estoy hablando del dinero y las condiciones de trabajo. El dinero y las condiciones de trabajo motivarán a las personas. Pero al contrario de lo que dice la sabiduría popular, no son los motivadores más importantes.

Las tres necesidades emocionales

Los empleados tienen tres tipos de necesidades emocionales que, si se satisfacen, les mantendrán motivados e inspirados.

La primera es la necesidad de *dependencia*, de sentirse parte de algo más grande que ellos mismos, y es un elemento importante en una organización global que está haciendo algo importante. Enfatiza continuamente a los empleados que su trabajo es valioso para los objetivos de la compañía.

El segundo tipo de necesidad emocional es la necesidad de *independencia*. En este caso la gente quiere que se la reconozca por sus cualidades y logros personales, por lo que están consiguiendo como individuos. Asegúrate de que aprovechas cada oportunidad para hacer que los empleados se sientan bien consigo mismos personalmente.

El tercer tipo de necesidad emocional es la necesidad de *interdependencia*. Esta es la necesidad de sentir que eres parte de un equipo, que trabajas con eficacia y cooperación en los mismos objetivos. Los mejores líderes buscarán constantemente modos de mantener la relación laboral entre sus empleados armoniosa y productiva.

Los líderes que pueden satisfacer estas tres necesidades emocionales tendrán empleados que estarán felices y motivados a trabajar duro y contribuir al éxito de la compañía.

El arte de delegar

Delegar es una manera importante de inspirar y motivar a la gente porque les da la propiedad de las tareas y de los objetivos del departamento o la compañía. Aquí tienes algunas de las ideas básicas que necesitas saber acerca de la delegación.

Primero, escoge a la persona adecuada. Delegar una tarea a la persona equivocada, por cualquier razón, es garantía de que conducirá al fracaso. En vez de motivar a alguien, haces lo contrario. Escoger a la persona adecuada es el eje de la delegación.

Segundo, enlaza los requerimientos del trabajo con las capacidades de la persona. ¿Tiene la persona las habilidades y la experiencia requerida para que se haga el trabajo?

Tercero, delega de forma eficaz en la persona adecuada. Busca delegar cualquier tarea que pueda hacer otra persona para que puedas concentrar tu tiempo en las tareas de alto valor.

Cuarto, delega las pequeñas tareas a los nuevos miembros del equipo. Esto les dará una oportunidad de fomentar su confianza y crecer en su capacidad de completar tareas mayores.

Quinto, delega el trabajo completo. La gente se siente motivada cuando tienen responsabilidad completa por el trabajo, no cuando se les dan pedazos o piezas para hacer.

Sexto, delega resultados claros. Explica con claridad qué tiene que hacerse y establece medidas para evaluar los resultados. Si no puedes medirlo, no puedes controlarlo.

Finalmente, delega con participación y diálogo. La participación siempre es más motivadora que hacerse cargo simplemente de una tarea o responsabilidad. Invita a la persona a que haga preguntas y sugerencias. Eso garantizará que ha tomado total responsabilidad de la tarea.

Cuando delegas una misión, haz que el empleado te lo repita. Es absolutamente imperativo que el empleado comprenda la misión. No delegues una misión a un empleado que no esté tomando notas. Hay un cincuenta por ciento de probabilidades de que el empleado vaya a malinterpretar tus instrucciones, así que ahora es el momento de corregir el error. Si fuera necesario, dale a la persona un trozo de papel o una libreta para que tome notas.

Sé lo que quieres que ellos sean

Existen otros modos en que los líderes pueden inspirar y motivar a la gente. Una manera es levantar el entusiasmo. Los líderes reconocen que depende de ellos convertir a su gente en participantes entusiastas. Cuando Frances Hesselbein asumió el cargo de directora de las Girl Scouts, la organización se mantenía a duras penas. Pero Hesselbein sabía que las voluntarias implicadas en la organización estaban buscando una razón para motivarse e inspirarse. «No consiste en crear entusiasmo; se trata de dejarlo libre, aprovechando la increíble energía que la gente tiene en sus corazones y en sus mentes para servir a los demás», dice Hesselbein. Hesselbein encontró un modo de aprovechar esa energía, y el cambio de rumbo radical que sufrieron las Girl Scouts la hizo merecedora de la Medalla Presidencial a la Libertad.

A menudo los líderes levantan el entusiasmo al ser ellos mismos unos entusiastas. Existe una relación directa entre lo emocionado y entusiasmado que estés tú acerca de lo que estás haciendo y lo emocionadas y entusiasmadas que puedes hacer que estén el resto de personas. Si tú eres un tremendo entusiasta, entonces tus empleados serán igual de entusiastas, aunque en un grado menor.

Otro modo de inspirar y motivar a los demás es por medio de tu compromiso. Los líderes se comprometen al cien por cien. Una de las características de los líderes es que ellos están involucrados... al cien por cien. No están para un poco; tienen una sensación de total compromiso con su trabajo. El nivel de compromiso que tienes va a ayudar a determinar el compromiso de los que están a tu alrededor.

Por cierto, tu nivel de compromiso va a determinar la atención que obtienes de tus superiores, porque la gente altamente comprometida siempre es considerada como más valiosa para una organización y se la prefiere para los ascensos. La gente que rige su propio negocio también descubrirá que su nivel de entusiasmo y compromiso a su compañía, sus productos y a servir a sus clientes va a ser una clave determinante de si se convierten o no en líderes en su campo.

Los líderes también empoderan a los demás por medio del estímulo. Cuando estudias las historias de liderazgo de George Washington en Valley Forge animando a sus soldados, Napoleón marchando con los suyos a la batalla y Alejandro Magno acampando con sus tropas en el campo y diciéndoles cuánto creía en ellas, sabes que el aliento es una poderosa herramienta para inspirar y motivar.

Los líderes inspiran confianza y seguridad. Lo maravilloso es que si realmente creemos en nuestro liderazgo y en la gente que está al cargo, haremos cosas que van más allá de lo que podamos imaginar. Si nuestra confianza o nuestra seguridad en esas personas disminuye, entonces nuestra motivación sufre.

Finalmente, los líderes inspiran lealtad, y la lealtad, como sabes, es el cemento que mantiene unida a una organización. La lealtad en realidad es crítica y vital para el éxito de una organización. Los líderes hacen que la gente se vuelva totalmente leal y dedicada a la organización.

SIETE

Comprometerse para ganar

¿CÓMO CONSIGUEN SEGUIDORES los líderes? ¿Qué es lo que capacita a hombres y mujeres comunes a obtener un rendimiento extraordinario de la gente corriente? ¿Por qué la gente le otorga el título de líder a un individuo? Por una simple razón: las personas se convierten en líderes porque son vistas como individuos con todas las probabilidades de guiar a la organización a la victoria. El liderazgo es igual a ganar.

La tarea principal de un líder es la victoria. Por eso, cuando las compañías rinden por debajo de sus objetivos o cuando el equipo pierde, lo primero que hacen es reemplazar al director o al entrenador por alguien que ellos crean que puede guiarlos a la victoria. Tu capacidad de guiar a la gente a la victoria y de infundir la creencia de que tu equipo puede ganar es la clave para asegurar tu poder como líder.

Los líderes están comprometidos con la excelencia y la calidad, porque la excelencia y la calidad conducen a la victoria. Cuando entras en un mercado con tu producto o servicio, una cosa que tu gente quiere saber es que ellos están representando lo mejor. La calidad y el servicio son muy importantes.

Los líderes creen que sus organizaciones son capaces de ser las mejores en su campo. Y su propósito es hacer superior su organización: la número uno, la primera de todo, la mejor. No solo tan buena como cualquiera ni tan mala como las demás, sino la mejor.

Finalmente, los líderes piensan en términos de éxito. Piensan en el éxito todo el tiempo. Si pensamos en el éxito todo el tiempo, entonces será inevitable que lo tengamos. Si las personas de tu organización piensan en el éxito, ya sea en términos de incrementar las ventas y la rentabilidad, de rebajar costos o de prosperidad y éxito en el mercado, entonces ellos también tendrán éxito.

Lecciones de la estrategia militar

Un líder militar solo tiene un objetivo: la victoria. Muchos líderes de negocios encuentran inspiración y guía de los líderes y estrategias militares. Como escribí en mi libro *Victory!* [¡Victoria!], he descubierto que los principios de la estrategia militar pueden conducir a la victoria en cualquier campo. Aquí están esos principios:

- *El principio del objetivo.* Los líderes militares tienen perfectamente claro el/los objetivo/s de la operación. Esta cuestión no puede estar borrosa. Para los negocios es necesario esa misma claridad y ese compromiso. Tus empleados, cada uno de ellos, deben conocer qué deben hacer y que deben estar tan comprometidos con la victoria como los soldados en un campo de batalla.

• *El principio de la ofensiva.* Napoleón dijo: «Ninguna gran batalla se ha ganado nunca a la defensiva». Los líderes no tratan de ir sobre seguro; no esperan a ver qué pasa. Salen y toman el control de la situación. Sin ser temerarios, son agresivos y específicos.

• *El principio de la masa.* Esta es una cuestión de concentrar tus fuerzas —que en negocios significa tu mejor gente, energías y cualquier recurso que tengas— en el lugar donde tienes las mejores oportunidades de una mayor victoria. Los líderes que llegan para darle la vuelta a una situación a menudo reestructuran las actividades para centrar los mejores talentos de la organización en los resultados que pueden sacar a la compañía de su situación de pérdida.

• *El principio de la maniobra.* Muchas victorias en el campo de batalla vienen de comandantes que han aventajado al enemigo, a menudo atacando desde el flanco o la retaguardia. Fuera de la batalla, el principio de la maniobra se traduce en creatividad y flexibilidad. Como ejemplo, quizá signifique hacer exactamente lo opuesto de lo que estás haciendo ahora para convertir a una organización perdedora en una ganadora.

• *El principio de la inteligencia.* Los líderes entienden los hechos. Saben que la información es poder. Obtén toda la información que necesitas para tomar las decisiones adecuadas.

• *El principio de la acción coordinada.* La victoria se consigue cuando todas las personas del equipo están enfocadas hacia los objetivos y valores compartidos. Todo el mundo sabe qué están haciendo los demás y por qué. Todo el mundo confía en que el equipo completo está comprometido con el objetivo.

▪ *El principio de la unidad de mando.* En cualquier operación militar es necesario que haya un líder, una persona que sea la responsable final del éxito de la operación. En entornos no militares eso se aplica también, especialmente durante una crisis, cuando el tiempo es esencial. Los líderes dejan claro en tales situaciones que están al cargo y tienen la última palabra.

OCHO

El líder como comunicador

LOS LÍDERES SON excelentes comunicadores. La capacidad para comunicarse es una cualidad central del liderazgo. Por eso el ochenta y cinco por ciento de tu éxito como líder está determinado por tu capacidad para comunicarte eficazmente con los demás. Después de todo, ser líder consiste en tratar con los demás: su éxito es el tuyo. Si no puedes comunicarte, no puedes ser líder.

La comunicación es una habilidad que se puede aprender. El primer paso es comprender los cinco objetivos que tienes que conseguir por medio de la comunicación:

1. *Debes gustar a la gente y que te respeten.* El liderazgo no trata de hacer amigos, pero si les gustas y te respetan la gente estará más dispuesta a escucharte. Querrán oír lo que tienes que decir.

2. *Debes hacer que la gente reconozca tu valor e importancia.* El objetivo, de nuevo, es darle a la gente una razón para escucharte.

3. *Debes ser capaz de persuadir a los demás para que acepten tu perspectiva.* Hoy el liderazgo trata más acerca de la persuasión que de la ordenación. Debes ser capaz de persuadir a los demás para que vean tu punto de vista y estén de acuerdo con tu posición.

4. *Debes conseguir que la gente cambie su mente y coopere contigo.* No puedes ser un líder exitoso si tienes a personas en tu contra o que se niegan a cambiar sus posiciones y opiniones previas. Los líderes suelen ser agentes de cambio, y la clave del cambio es una comunicación efectiva.

5. *Debes tener más influencia global en tus relaciones.* El liderazgo trata del poder y la influencia, y estas dos cosas se consiguen mejor por medio de una comunicación efectiva.

Sé claro

Los líderes articulan sus puntos de vista, estrategias y visiones con claridad. Siempre que te encuentres con una organización que esté zozobrando, verás una comprensión confusa de la razón que hay detrás de la organización. En una organización exitosa los empleados de todos los niveles conocen con toda claridad qué están tratando de conseguir, hacia dónde van y cuál es su futuro. Saben, con claridad, cuáles son sus fortalezas y debilidades.

Si quieres ser un gran líder aprende cómo expresar tus puntos de vista, ideas y objetivos claramente a los demás. Y asegúrate de que aquellas personas que esperas que te ayuden sepan con qué se espera que contribuyan.

Establece expectativas

La primera queja de los empleados en el trabajo hoy día es no saber qué se espera de ellos. Es asombroso cuánta gente hay en nómina, de la que se espera que contribuya al logro de los objetivos de la organización, pero insegura acerca de lo que deberían estar haciendo. La gente que no comprende con claridad qué se supone que debe hacer se vuelve negativa y cínica, se empieza a meter con las políticas y se desmotiva, volviéndose incapaz de realizar su máxima contribución a la organización.

Además del «qué», los líderes también comunican las razones del «porqué». Como en todo lo demás, los líderes se aseguran de que la gente sabe por qué hacen lo que hacen. Cada uno de nosotros en los trabajos de hoy necesitamos saber por qué estamos haciendo algo. No es suficiente con que se nos diga que vamos a hacer tal trabajo o tarea; queremos conocer las razones. Queremos saber cómo el trabajo nos afecta. Queremos saber cómo afecta a nuestros clientes y a otras personas. Nietzsche escribió: «Un hombre puede soportar cualquier *qué* si tiene un *por qué* suficientemente grande».

A lo largo de los años he desarrollado el hábito de no pedirle nunca a nadie que escriba o mecanografíe una carta para mí sin explicar a la persona el porqué. He descubierto que cuanto más le dices a la gente el porqué, más motivados, comprometidos, leales, dedicados e involucrados están en su trabajo. Cuanto menos saben del porqué, más indiferentes se vuelven.

Puedes liberar el potencial de los demás simplemente diciéndoles el porqué. No tiene siquiera que ser una buena razón, pero solo necesitan tener una.

Sé siempre visible

El mejor modo de comunicarte con los demás es cara a cara. En persona. Si observas a los grandes generales y a otros grandes líderes descubrirás que siempre están en el campo. Rara vez los encontrarás escondiéndose detrás de sus escritorios. De hecho, cuanto más arriba se llega en la escalera gerencial, más tiempo pasa el líder individual en el campo hablando realmente con la gente.

De hecho, la expresión MBWA, que significa «management by wandering around» [dirigir desde las áreas], significa salir de la oficina, pasearse y hablar con la gente acerca de lo que están haciendo. Sé visible y cercano para que la gente vaya a ti y te hable de sus problemas y qué está pasando en sus departamentos. Conseguirás información más inmediata y actualizada por estar entre tu equipo y tus clientes de la que podrías conseguir pasando horas, días o incluso semanas en tu oficina. Los mejores líderes están fuera y dirigen desde las áreas, permaneciendo visibles, cercanos y disponibles a los demás cerca del cincuenta por ciento del tiempo.

La visibilidad es especialmente importante al comunicarte y aprender de los clientes. Los líderes deberían pasar un mínimo del veinticinco por ciento de su tiempo con los clientes: no sentados detrás de un escritorio o mirando números y estadísticas, sino realmente saliendo al campo y cuidando de los clientes.

No hace mucho los reproductores de video eran muy populares. Hay una historia de un caballero que estaba comprando uno en una tienda de electrónica de Santa Clara y un anciano japonés que le atendía al otro lado del mostrador. Su inglés era bastante malo. Cuando el cliente abandonaba la tienda con su compra, un amigo le llevó a un lado y le dijo: «¿Sabes quién era?». «No», respondió el hombre. «Ese era Akio Morita, el presidente de Sony Corporation». Morita había viajado a Estados Unidos y estaba visitando tiendas y, realmente, vendiendo productos para escuchar las opiniones de los clientes.

Vende todo el tiempo

Un punto final sobre la comunicación: los líderes son unos excelentes vendedores de baja presión. Los líderes siempre están vendiendo. Venden a las personas la organización, la visión, los objetivos y las razones. Venden el trabajar más, el esfuerzo, el hacer contribuciones más valiosas, subir a bordo y tomar mayor responsabilidad. Todos los grandes líderes pueden vender.

Además de ser capaces de vender, los líderes pueden negociar y pueden llegar a acuerdos. Tienen la capacidad de encontrar soluciones donde todos ganen. Una parte clave del liderazgo es tomar a gente con diferentes puntos de vista, necesidades y actitudes y armonizar esos puntos de vista para que todos puedan trabajar juntos en cooperación para conseguir los objetivos de la organización.

NUEVE

Aprender de la adversidad

LOS LÍDERES NUNCA usan la palabra *fracaso*. Nunca piensan en términos de fracaso. Reconocen lecciones valiosas, experiencias de aprendizaje y reveses temporales, pero nunca piensan en términos de fracaso. El inspirador escritor Orison Swett Marden escribió: «No hay fracaso para el hombre que se da cuenta de su poder, que nunca sabe cuándo es golpeado; no hay fracaso para el esfuerzo determinado; la voluntad inconquistable. No hay fracaso para el hombre que se levanta cada vez que cae, quien rebota como una pelota de goma, quien persiste cuando todos los demás abandonan, quien sigue adelante cuando todos los demás se dan la vuelta».

A Thomas J. Watson, de IBM, un joven ejecutivo le preguntó hace muchos años: «¿Cómo puedo avanzar más rápidamente en mi carrera?». La respuesta de Watson fue: «Dobla tu tasa de fracasos». En otras palabras, cuanto más a menudo fracases y aprendas, más rápidamente tendrás éxito.

Algunos líderes incluso dicen cosas como: «Tenemos que fracasar más rápido aquí si queremos tener éxito en nuestro mercado». En otras palabras, tenemos que aprender más rápido nuestras lecciones. En vez de uno o dos fracasos al año, experimenta diez o veinte y será más probable que te encuentres en posición, con conocimiento de causa, para dominar tu mercado.

Oriéntate hacia las soluciones

Los líderes pueden lidiar con reveses y crisis porque están orientados hacia las soluciones. Si hay un problema, entonces piensan en cómo lidiar con él, no en encontrar a una persona a la que culpar.

En mi libro *Crunch Point* [Momento decisivo], describo algunos de los pasos importantes que los líderes dan para responder a una crisis o a una adversidad, sin importar lo grande que sea:

- *Permanece en calma.* Niégate a preocuparte o enfadarte. Por supuesto, es más fácil decirlo que hacerlo, pero los líderes mantienen la calma y la claridad mental porque son capaces de evitar enfadarse con algo que no pueden cambiar.
- *Confía en tus capacidades.* Ya has manejado crisis en el pasado, y volverás a hacerlo.
- *Atrévete a seguir adelante.* No te quedes paralizado por el repentino giro de los acontecimientos. Da pasos específicos inmediatamente para remediar la situación.
- *Cíñete a los hechos.* Averigua exactamente qué ocurrió antes de tomar una decisión.

- *Toma el control.* Acepta el cien por cien de la responsabilidad. Buscar un culpable o quedarse en el pasado no resuelve nada.
- *Reduce tus pérdidas.* Apártate de una solución que no se pueda salvar.
- *Gestiona la crisis.* Hazte cargo, piensa un plan para resolver el problema.
- *Comunícate constantemente.* Mantén informada a la gente. La incertidumbre agrava la crisis.
- *Identifica tus restricciones.* Identifica las restricciones limitadoras que frenan la resolución de la crisis y lidia con ellas.
- *Desata tu creatividad.* Desarrolla tantas soluciones como sea posible.
- *Contraataca.* Evalúa la situación, atente a los hechos y después pasa a la ofensiva.
- *Mantén la simplicidad.* En una situación de crisis puede que pasen muchas cosas y que haya mucho que hacer. Céntrate solo en los trabajos más importantes.
- *Nunca comprometas tu integridad.* No importa qué crisis o desafío enfrentes, debes resolverlo sin comprometer tu integridad. Recuerda, todo el mundo está observando.
- *Persiste hasta que tengas éxito.* No importa lo difícil que pueda llegar a ser resolver una crisis ni cuánto tiempo tome, nunca abandones.

Los artistas del reflote

Gran parte del liderazgo es situacional. Muchos líderes suben a la palestra debido a una situación. Yo he visto a hombres y mujeres que se han mantenido durante años en posiciones medias y entonces, debido a un periodo de turbulencia o adversidad, repentinamente tienen el liderazgo frente a ellos.

También he visto a personas que han sido líderes excelentes en una situación y que se convierten en líderes malos en otra. Algunas personas son muy buenos líderes bajo condiciones estables, y otros son excelentes bajo condiciones turbulentas.

Hoy, en Estados Unidos, a veces un líder empresarial debe actuar como un «artista del reflote». El artista del reflote destaca en situaciones donde una compañía está en peligro de derrumbe debido a serios problemas con las finanzas y a cambios en el mercado. Estos líderes pueden reorganizar la compañía y hacer que vuelva a salir a flote, a veces en cuestión de unas cuantas semanas, mientras que todo el esfuerzo de los líderes existentes no ha podido hacer ese trabajo.

Así pues, el liderazgo es altamente situacional, pero es la adversidad la que despierta a los grandes líderes. Es la adversidad la que prueba si un líder es grande o no. Así que siempre que te encuentres enfrentando una situación de adversidad, piensa en ello como una oportunidad para que demuestres que tienes «lo que hay que tener»: que tienes lo que es necesario para ser un líder.

La adversidad hace salir a los verdaderos líderes. Epicteto escribió: «Las circunstancias no hacen al hombre; solo le revelan quién es». Es en los tiempos difíciles cuando los líderes sobresalen.

DIEZ

Construir un equipo campeón

CUANDO HABLAMOS de que los líderes se hacen y no nacen, una de las cosas que sabemos es que la primera cualidad que te lleva por la vía rápida a la sala ejecutiva, o que pone a tu grupo en lo alto de su campo, es la capacidad de juntar un equipo campeón. Es la capacidad de juntar a un grupo de hombres y mujeres que puedan trabajar juntos en armonía para conseguir grandes cosas.

Aquí hay siete claves para construir equipos ganadores:

1. *Un entrenamiento y un liderazgo claros.* Todo el mundo sabe quién lleva la voz cantante. Hay un entrenador y todo el mundo sabe quién es el jefe. Los líderes ganadores se rodean de buenas personas. Puedes averiguar la calidad del líder por la calidad de la gente que escoge para rodearle. Los líderes fuertes siempre escogen a personas que son mejores que ellos. Los líderes débiles intentarán escoger a personas que son más débiles que ellos.

2. *Desarrollo intensivo de las personas y enfoque en la formación.* Para construir un equipo ganador todo el enfoque tiene que estar en construir, motivar, animar, entrenar y aumentar las habilidades y capacidades de tu gente.

3. *Fuerte énfasis en la planificación.* Esto significa una cosa importante: atente a los hechos. En el gran libro sobre gerencia de Harold Geneen, escribe que la clave son los hechos. No quedes satisfecho con los supuestos hechos o los esperados, o los posibles, sino con los reales. Geneen escribe que los hechos no mienten, y que la capacidad para planear bien depende de la inteligencia de mercado. Si miras a un equipo ganador o a un general ganador, lo que encuentras es que las grandes batallas se ganan porque la gente del lado ganador tienen buena inteligencia. Tienen información exacta y la incorporan a su planificación. Puede que la Segunda Guerra Mundial se decidiera por la capacidad de los británicos de descifrar la máquina de cifrado alemana, lo que les permitió traducir mensajes secretos que iban y venían entre los cuarteles del enemigo y los comandantes en el campo.

También desarrolla planes alternativos. Una de las características de todos los grandes generales es que cuando entran en batalla, sin importar las circunstancias, siempre se preguntan qué harían si tuvieran que retirarse. En la Batalla de Waterloo, Wellington mantuvo a 17.000 tropas veteranas en reserva para cubrir su retirada en caso de que perdiera la batalla y se viera forzado a retirarse. Aunque fue casi derrotado el día de la batalla, nunca desplegó aquellas reservas. Si lo hubiera hecho, Wellington habría ganado más pronto aquel día y no habría estado tan cerca de la derrota. Pero un general excelente siempre tiene un plan alternativo para el peor resultado posible. Un líder que inicia un plan sin pensar en lo que puede ir mal será invariablemente uno que cometa un error fatal en los negocios.

4. *Tareas selectivas.* Como líder, contratas a buenas personas y las colocas en tareas en las que pueden realizar una contribución mayor. Si no pueden hacerlo bien en esa posición, los mueves y sigues rotándolos hasta que encuentras un lugar en el que puedan hacer una contribución valiosa.

5. *Capacidad para eliminar a los incompetentes.* Si las personas que has seleccionado no pueden hacer una contribución, debes librarte de ellas. Porque cuanto más tiempo mantengas a gente incompetente, más tiempo parecerás un líder incompetente. No solo eso, sino que enviarás una señal de que hay recompensa por ser incompetente en esta organización, y a eso se le llama seguridad laboral. Esta situación desmotiva a otros y hace que contribuyan menos de lo que son capaces de contribuir.

6. *Mejor comunicación.* Una de las mayores debilidades de cualquier organización es una comunicación mala. No hay suficiente información que fluya hacia arriba, hacia abajo y hacia los lados. Los equipos campeones necesitan comunicaciones abiertas para que la gente pueda conseguir información de cualquier modo que quieran en la organización muy rápido.

7. *Comprometerse con la excelencia.* Un compromiso con la excelencia es lo único que realmente motiva a la gente. Ser el mejor te saca de la cama por la mañana, emocionado y dedicado. Por eso los líderes siempre hablan en términos de victoria, éxito y ser mejores que los demás.

ONCE

Centrarse en los resultados

LOS LÍDERES ESTÁN orientados a los resultados en vez de a las actividades. Hacer algo simplemente no tiene valor si lo que haces no está enfocado a un resultado valioso. Los líderes siempre están pensando en los términos de los resultados que se espera de ellos.

Conseguir resultados depende de hacerte a ti mismo cuatro preguntas una y otra vez:

1. *¿Cuáles son mis actividades de alto valor?* ¿Qué cosas son las que haces que contribuyen a aportar el mayor valor a tu trabajo y tu organización? Estas son las actividades en las que deberías estar centrándote.
2. *¿Cuáles son mis áreas de resultados clave?* Pocas veces hay más de cinco o siete áreas de resultados clave para cualquier posición en una organización. Estas son las áreas donde tienes

que conseguir resultados absolutamente excelentes para cumplir con tus responsabilidades. Una vez hayas identificado tus áreas de resultados clave, tienes que establecer los mayores estándares de rendimiento y cumplirlos: recuerda que los demás te están observando.

3. *¿Qué puedo hacer yo (y solamente yo) que, si lo hago bien, marcará una diferencia real para mi compañía?* Tienes responsabilidades y tareas que tú y solo tú debes hacer; si no las haces, no se harán.

4. *¿Cuál es el uso más valioso de mi tiempo?* Esta es la cuestión clave. Hay tareas que solo tú puedes hacer, pero demasiados líderes no están cumpliendo con sus responsabilidades porque se han desviado a otras responsabilidades y tareas que no deberían estar cubriendo. Los mejores líderes saben para qué se les paga... y para qué *no* se les paga.

Establece prioridades

Una de las habilidades clave para obtener resultados es conocer cómo establecer prioridades. No es suficiente con identificar tus actividades de alto valor. Los líderes priorizan inexorablemente para trabajar solo en las actividades más importantes y de mayor valor.

Uno de los métodos más eficaces para priorizar tus tareas es usar el método ABCDE. Este método requiere que hagas una lista de tareas y les des una clasificación de prioridad.

Una tarea «A» es algo importante, algo que debes hacer. Si tú no haces esta tarea, va a haber consecuencias significativas. Tendrás más de una tarea A. En ese caso, etiquétalas como A-1, A-2, A-3, etcétera. A-1, por supuesto, es la tarea más importante de todas, y A-2 es la siguiente.

Una tarea «B» es una que debes hacer, y que dejarla también conllevará consecuencias. Sin embargo, las consecuencias no son tan malas o peligrosas como las de una tarea de nivel A que quede sin hacer. Nunca trabajes en una tarea B mientras haya una tarea A que hacer.

Una tarea «C» es algo que estaría bien que se hiciera, pero para lo que no hay consecuencias. Leer una revista o un periódico puede ser agradable y te pone al día en política o deportes, pero no es una tarea que tendrá una contribución a tu trabajo. Nunca trabajes en una tarea C cuando haya una B sin hacer.

Una tarea «D» es cualquier cosa que puedas delegar a otra persona. Una de las reglas importantes del liderazgo es que debes delegar en los demás cualquier cosa que pueda ser delegada. Tienes suficiente trabajo que solo tú puedes hacer; no deberías gastar tu tiempo en tareas que pueden hacer los demás. Pregúntate: «¿Qué puedo hacer solo yo que marque una diferencia mayor en la compañía?». Si una tarea no cae dentro de esta categoría, dásela a otro. La regla de la prioridad continúa: nunca trabajes en una tarea D cuando haya una tarea C sin hacer.

Una tarea «E» es algo que necesita ser eliminado. No debería estar siquiera en la lista. No tiene consecuencias ni utilidad. Tal vez fue una tarea importante en el pasado pero que ahora es obsoleta. ¡O quizá nunca se tendría que haber hecho! De todos modos, ahora es el momento de eliminarla.

La clave para hacer funcionar este método del ABCDE es nunca trabajar en una tarea de menor prioridad cuando hay una tarea mayor sin hacer. Enfatizo esta regla para cara tarea porque es fácil de decir pero difícil de recordar o hacer.

Centra a todos en la efectividad

Al mismo tiempo que están centrados en sus propios resultados, los líderes siempre están comunicando a los demás cuáles son sus áreas de resultados clave y motivándolos a establecer prioridades en tareas de grandes beneficios. Los líderes saben que la capacidad de establecer prioridades y centrarse donde pueden marcar una diferencia significativa es la clave para la efectividad humana, igual que es la clave para la efectividad en una organización y un líder.

Si estás haciendo cosas que no están en tus áreas de resultados clave y las estás haciendo brillantemente, los resultados no tendrán valor. Pero si haces una o dos cosas de alta prioridad realmente bien, puedes realizar una enorme e importante contribución.

DOCE

El deseo de liderar

LOS LÍDERES TIENEN un intenso deseo de liderar. A esto es a lo que se le llama echarle ganas. Y aquí es absolutamente necesaria la confianza en uno mismo. Es interesante que los líderes tienden a ser individualistas. Tienden a ser autónomos y con una alta necesidad de control. Les gusta tomar sus propias decisiones.

Sin embargo, también reconocen que para obtener la posición en la que pueden tener control y autonomía tienen que ser buenos seguidores. Tienen que seguir órdenes meticulosamente. Todos los grandes generales aprendieron en el campo de entrenamiento cómo ser buenos seguidores de órdenes.

A los líderes les gusta tomar el mando. Aman estar en control y hacerse cargo. Ahora bien, mucha gente no quiere ser líder y no todo el mundo tiene que serlo. Pero si tú estás destinado al liderazgo, tienes un tremendo deseo y el impulso de tomar el control, y tu trabajo es prepararte para asumir las responsabilidades del liderazgo.

Asume las responsabilidades del liderazgo

Un líder tiene siete responsabilidades que nunca cambian en ninguna situación u organización. Aquellos que quieren liderar trabajan duro para convertirse en los mejores en estas siete áreas.

Responsabilidad 1: establece y consigue objetivos. Los mejores líderes han identificado lo que se tiene que conseguir en cada área de importancia para la organización y son capaces de lograr cada uno de esos objetivos. En los negocios eso significa establecer objetivos de crecimiento de ventas y rentabilidad y después no dejar ninguna parte del negocio sin revisar en el plan estratégico y de mercado para alcanzar esos objetivos.

Responsabilidad 2: innova y publicita. No sigas haciendo lo que la organización ha hecho hasta ahora. Ese no es el camino por el que vas a conseguir nuevos clientes. No es el camino en que vas a conseguir aquellos objetivos que has asumido como primera responsabilidad. Innova y después vende: vende lo que haces y vende lo que has creado.

Responsabilidad 3: resuelve problemas y toma decisiones. Te toca a ti superar las adversidades, saltar las barreras del camino al éxito y tomar las decisiones difíciles que vienen con la posición. Cada meta sin conseguir es un problema sin resolver. Si no has alcanzado tus objetivos de ventas, eso es un problema sin resolver. Si se te sigue superando en tu mercado, eso es un problema sin resolver.

Responsabilidad 4: establece prioridades y céntrate en las tareas clave. Ningún líder tiene poder, dinero ni ninguna otra clase de recursos ilimitados. Es trabajo del líder saber cómo emplear los recursos de la organización del modo que contribuyan mejor al éxito general. La cuarta responsabilidad también trata de la gestión del tiempo. El tiempo es el recurso más escaso de todos, y los líderes que no saben cómo repartir su tiempo fracasarán.

Responsabilidad 5: sé un modelo a seguir para los demás. La gente observa a sus líderes y emula sus conductas y actitudes. A través de tu carácter, tu personalidad y tus hábitos en el trabajo debes establecer el ejemplo que quieres ver en los demás.

Responsabilidad 6: persuade e inspira a los demás para que te sigan. Los líderes motivan a sus equipos, sus departamentos o sus organizaciones para que crean en la visión, misión y objetivos específicos que han establecido para la organización. Un líder sin seguidores no es un líder, sin importar en qué posición pueda estar.

Responsabilidad 7: consigue resultados. Se espera que los líderes cumplan. No hay excusas. No hay razones aceptables para no conseguir resultados. La séptima responsabilidad es la más importante de todas.

Al igual que un deportista quiere el balón, un líder abraza estas responsabilidades. Los líderes quieren ser tenidos por cumplidores; quieren ser responsables de motivar a la gente en la organización y conseguir los resultados que se requieren para el éxito. Los líderes reconocen que el éxito viene de una asociación con su gente, pero al final quieren ser los únicos que estén al mando.

Prepárate para ser responsable

Aquellos que quieren liderar saben que se les pedirá responsabilidad por los resultados, y quieren ser los causantes de esos resultados. Quieren llevarse el mérito por el éxito de la organización. Y si algo va mal, están dispuestos a aceptar la culpa.

Como líder, rechaza criticar a los demás por cualquier razón. Rechaza quejarte de tu situación. Elimina las expresiones «y si» y «ojalá» de tu vocabulario. Céntrate en lo que quieres y en hacia dónde te diriges. Y si se necesita arreglar algo, toma la responsabilidad de hacerlo.

Aceptar la responsabilidad es la razón por la que los líderes se sienten personalmente poderosos. Tienen la sensación de control sobre sí mismos y sus vidas. Aceptar la responsabilidad les otorga confianza y energía. Se sienten capaces y competentes.

Aquellos que ponen excusas culpan a los demás o se quejan echan fuera el poder. Se debilitan a sí mismos y a su resolución. Se convencen de que no tienen control sobre lo que pasa. Los líderes creen que ellos tienen el control en sus manos: de otro modo, no podrían ser líderes. En vez de tomar la iniciativa solo podrían ser pasivos y resignados.

Incluso los líderes de dentro de una organización tienen una actitud de autoempleo. Creen que son los presidentes de su propia corporación personal de servicios. Tienen una actitud emprendedora. Esta actitud enfatiza su sensación de responsabilidad y compromiso.

Ahora es el momento

Cuando tienes el deseo de liderar no permites que las circunstancias externas te aminoren la marcha. Por eso aquellos que tienen el fuego del liderazgo no esperan a que llegue «el momento». El momento adecuado es ahora. Algunas de las mayores compañías del mundo fueron creadas durante épocas de dureza económica. Walt Disney, Bell Hewlett y David Packard y Tom Watson de IBM son algunos de los líderes que lanzaron sus grandes compañías en algunas de las peores crisis económicas de Estados Unidos. Compañías tan diversas como FedEx, Hyatt, MTV y Trader Joe's empezaron durante las recesiones.

Recuerda, nunca habrá demasiados líderes. Nunca habrá más líderes de los necesarios. Siempre habrá falta de líderes. ¿Tienes tú el deseo de liderar?

TRECE

El papel de la autoestima en el liderazgo

LOS LÍDERES TIENEN una autoestima alta y una imagen de sí mismos positiva. Se valoran y se sienten valiosos.

La autoestima es simplemente cuánto te gustas a ti mismo. Una parte importante de la autoestima es la auto-eficacia. Es un sentimiento de competencia, de ser bueno en lo que haces y ser capaz de conseguir los resultados que necesitas para tener éxito como líder.

La autoestima es importante porque el modo en que te sientes *por dentro*, las creencias e ideas que tienes acerca de ti mismo, van a guiar el modo en que actúas *fuera*. Según Steve Rodgers, el antiguo presidente de Prudential Bache California Realty, «Cómo te sientes contigo mismo tiene que ver totalmente con cómo actúas como individuo en tu trabajo y cómo diriges a la gente».

Para ser líder se requiere calma, claridad, persistencia, la capacidad para ver el mundo como es verdaderamente y muchas otras cualidades que son imposibles si el líder está luchando con dudas acerca de sí mismo y sentimientos de inferioridad.

Las claves para tener una autoestima alta

Los líderes se conocen a sí mismos. Como el oráculo de Delfos, tienen un nivel alto de *conciencia de sí mismos*. Toman una buena cantidad de tiempo para la introspección: saben lo que les motiva. Conocen sus motivos y por qué hacen lo que hacen. También son capaces de ser muy objetivos consigo mismos en vez de involucrarse demasiado emocionalmente. En otras palabras, tienen egos bajos pero un gran orgullo.

También asumen solamente tareas que pueden realizar con excelencia. Como se conocen, no tomarán un trabajo, una tarea o una misión en donde no tengan la capacidad de hacerlo extremadamente bien. Saben que todo lo que hacen contribuye a su imagen global como líderes, así que solamente asumirán cosas que puedan hacer bien.

Se centran en sus fortalezas únicas y preguntan: «¿Es este el tipo de esas cosas en las que puedo sobresalir y tengo las cualidades y capacidades para realizarlas excepcionalmente?». Y si no pueden realizarlas excepcionalmente, se echan atrás. Siempre están buscando resultados superiores y no simples resultados medios.

También son *honestos consigo mismos*. Se evalúan con honestidad. No son arrogantes, orgullosos, vanidosos ni fanfarrones. Tienen la capacidad de mirarse a sí mismos y preguntar: «¿Esto es adecuado para mí? ¿Es el paso adecuado que debo dar en este momento?».

¿Cómo tratas a los demás?

Los líderes con una autoestima alta no están a la defensiva. Están lo suficientemente seguros como para aprender de los errores y lidiar con los infortunios. Alguien que no sea líder no tendrá la fuerza interior para superar los errores o enfrentarse a la adversidad.

Tampoco tendrán los que no son líderes la autoestima para reconocer que tienen tanto fortalezas como debilidades. Los líderes reconocen sus áreas de fortaleza pero también tienen identificadas sus debilidades y se proponen superarlas. Hay una diferencia entre quejarse de una debilidad y lidiar con ella con calma y sinceridad. Esa diferencia viene de la autoestima. Los líderes reconocen que no son perfectos, pero saben que aun así son competentes y capacitados.

Una señal de una persona con baja autoestima se encuentra en el modo en que trata a los demás. La gente con baja autoestima lo compensará exageradamente tratando a los demás de mala manera, solo para hacerse sentir mejor a sí mismos. Los líderes eficaces tratan a todo el mundo, a los débiles y a los poderosos, del mismo modo. Richard Branson, el carismático fundador del Grupo Virgin, una vez se disfrazó de conductor de limusina para una serie de televisión basada en *The Apprentice* [El aprendiz]. Después observó cómo lo trataban los emprendedores que eran puestos a prueba en el *show*. Aquellos que lo trataron mal fueron despedidos. No tenían lo que hacía falta para ser líderes eficaces.

Cree en ti mismo

La autoestima comienza siendo bueno en lo que haces. Los líderes se comprometen a un rendimiento excelente. No aceptarán ninguna otra cosa de sí mismos o de los demás. Quieren estar en el diez por ciento superior de su campo.

Conseguir altos niveles de rendimiento es el modo en que la gente con baja autoestima puede escapar de la trampa de la baja autoestima. Comienza al darse uno cuenta de que cualquier cosa es posible. Yo vengo de un trasfondo pobre con pocas oportunidades, y debido a ese trasfondo he sufrido de una baja autoestima que me ha refrenado. Aunque hiciera algo bien, me negaba a aceptar el mérito, ofreciéndoselo a la suerte o a la coincidencia. No fue hasta que cumplí los veintiocho que tuve una revelación que cambió mi vida. Esta revelación fue que cada persona en el diez por ciento más alto de su campo ha tenido que empezar en algún lugar, y ese lugar a menudo era el diez por ciento más bajo. Todos los que hoy lo hacen bien una vez lo hicieron mal.

Desde ese momento tomé la responsabilidad de desarrollarme a mí mismo. Me di cuenta de que la vida es una línea de bufet libre y que me tocaba a mí levantarme, aceptar la responsabilidad y «servirme» a mí mismo. Hay dos pasos necesarios para llegar al frente de la línea de bufet: primero, ponerse en la fila, y segundo, permanecer en ella. Ponerse en la fila significa tomar decisiones que te mejoren, cada día, trabajando en dirección a tus objetivos. Permanecer en la fila significa no abandonar, no hacer intentos efímeros de mejorarte para después regresar a ver la televisión y ser una víctima.

Cuando Bob Silver fue a uno de mis seminarios en Chicago, se había divorciado dos veces, tenía sobrepeso, estaba desempleado y con una gran deuda. Creía que todos sus problemas estaban causados por los demás o por el destino. La vida era injusta, y eso era todo. Llegó a mi seminario por la insistencia de un amigo, pero no estaba contento de estar allí porque no creía en «las cosas de motivación». Pero cuando dije que la naturaleza era neutral y que tú eres lo que eres debido a ti mismo y a nadie más, Bob Silver de repente se dio cuenta de que él, y no la vida, era el problema. Se estaba refrenando a sí mismo por medio de su actitud, porque se centraba en lo que no tenía en vez de en lo que quería. Desde ese momento decidió cambiar su vida y al cabo de un año tenía trabajo y había sido ascendido dos veces, había perdido catorce kilos y se había vuelto a casar felizmente. Una autoestima alta puede cambiarte la vida.

Una autoestima alta significa creer en ti mismo. Eso te dará la resistencia y la concentración para permanecer en la fila.

CATORCE

Liderar con el ejemplo

CUANDO ERES líder todo el mundo está mirando lo que haces y lo que dices. Tu comportamiento guiará el de otros miembros de tu equipo o de las personas de tu organización. Tú estableces el ejemplo, y ellos lo seguirán. Albert Schweitzer dijo: «Debes enseñar a los hombres en la escuela del ejemplo, porque no aprenderán de ninguna otra». Marshall Goldsmith, uno de los mayores formadores de grandes ejecutivos del mundo, ha mostrado a través de su trabajo que cambiar una simple característica conductual en un líder puede tener un profundo impacto en el comportamiento de un gran número de personas.

Examinemos unas cuantas de las características y rasgos que la gente observará detenidamente en sus líderes y en las que basará sus conductas.

Nunca engañes
Nunca mientas o engañes, ni tomes atajos, ni tomes ventaja de tu posición. Acepta la responsabilidad de tus acciones.

Cuando estás en una posición de poder, puede que sea fácil culpar a los demás de los malos resultados. Nadie discutirá contigo porque la gente quiere conservar su empleo. Pero lo sabrán. Habrán observado tu conducta y ya no verán necesario actuar con integridad. Cuando un escándalo desmantela una compañía como Enron, es porque el liderazgo ha creado una cultura de engaño en la organización que se ha filtrado a todos los niveles. La expresión: «El pez a oler mal empieza, por la cabeza» se refiere a este efecto de arriba hacia abajo. Si no eres un modelo a seguir de integridad y carácter, puede que estés sembrando las semillas de la destrucción final de tu compañía. Si, por otro lado, nunca comprometes tu integridad, tus empleados y los otros líderes de la organización se esforzarán más para alcanzar tu integridad y carácter.

Ten la actitud correcta

Generalmente los líderes tienen una actitud positiva y optimista. Creen fuertemente en sí mismos y en su organización, y no dejan que las adversidades o las barreras los derriben. La actitud ayuda mucho para superar la adversidad, y una de las mejores maneras de ayudar a tu gente a sobreponerse a cualquier problema u obstáculo que estén enfrentando en sus trabajos es ser modelo de optimismo. Al mirar el modo en que tú lidias con la adversidad, encontrarán la fuerza para pelear.

En su éxito de ventas *Aprenda optimismo*, el profesor de la Universidad de Pennsylvania Martin Seligman utiliza los resultados de 350.000 entrevistas para probar que la gente exitosa es mucho más optimista que la que es mediocre o no tiene éxito. Descubrió que el optimismo era la característica definitoria de la gente exitosa, más que cualquier otro rasgo de la personalidad o la conducta. El optimismo es importante porque centra tus pensamientos en lo que puede hacerse en el futuro para mejorar las cosas, no en lo que ocurrió en el pasado que lo empeoró.

Si aun así, dentro de ti, tienes algunas dudas o incertidumbres, esas dudas deben estar escondidas de la gente que te observa. Los mejores líderes no se permiten el lujo de discutir sus dudas o incertidumbres con los demás. No hay nada más desmoralizante que ver a tu líder expresando desconfianza en sí mismo. No solo esa desconfianza del líder herirá la moral, sino que también elevará una pregunta en las mentes de las personas acerca de si estás capacitado para la tarea. Una vez se haya cuestionado tu liderazgo, perderás la confianza de tu gente y te convertirás en un líder ineficaz. Por eso liderar con el ejemplo es esencial para tu éxito como líder.

Trata a los demás con respeto

Otro elemento de la actitud es el modo en que un líder trata a los demás. La gente sabrá cómo los tratas y verán cómo tratas a sus colegas, sus jefes e incluso a los clientes y socios de la organización, y seguirán tu ejemplo. Los líderes saben que si son groseros con un cliente su gente será grosera con ellos, y su negocio adquirirá una reputación que alejará a los clientes. Sabrán que si no tratan a sus gerentes con respeto y cortesía, esos gerentes no tratarán a sus subordinados con respeto y cortesía, y el negocio adquirirá una reputación de maltratar a los empleados, cosa que alejará a las mejores personas.

Los líderes también saben que si actúan como conformistas con sus propios superiores, como la junta de directivos, entonces se encontrarán rodeados de esa misma clase de conformistas, en vez de colaboradores honestos que expondrán los hechos que necesitan para ayudar a tener éxito a la organización.

Cómo tratas a los demás establece el tono para tu equipo o tu organización. Como líder, tú te encargas de establecer el tono adecuado.

Crea buenos hábitos de trabajo

Otro ejemplo que debes establecer está en tus hábitos de trabajo. Los mejores líderes trabajan duro y más tiempo, y su conducta inspira a los demás a hacer lo mismo. Los líderes que toman ventaja de su posición para llegar tarde e irse temprano, a quienes se ve frecuentemente socializando con los gerentes o empleados, descubrirán que la productividad de su equipo, departamento u organización se reduce cada vez más.

Los líderes son excelentes modelos a seguir. Se esfuerzan por establecer continuamente un buen ejemplo con su conducta y su comportamiento. Son conscientes de que los demás están observándolos y de su efecto en la moral y la conducta de su gente. Recuerda: no hay soldados malos bajo un buen general.

Por eso es importante preguntarte a ti mismo: «¿Qué clase de compañía sería la mía si todo el mundo fuera igual que yo?».

QUINCE

Automotivación para líderes

LOS LÍDERES TIENEN la responsabilidad de mantenerse motivados a sí mismos. Se encargan de esta responsabilidad usando tres métodos. Uno es por medio de su visión.

La mayoría de líderes reales, especialmente los líderes transformacionales que tienen la capacidad de crear el futuro, son soñadores. Sueñan un futuro y unas posibilidades que nadie ha pensado antes. A veces un verdadero líder puede ver el futuro con una claridad cristalina mientras que la gente de su alrededor no puede imaginarlo en absoluto. Los líderes siguen adelante y, por medio de la planificación, la administración y la organización, hacen que sus sueños se vuelvan realidad.

Cuando dirijo ejercicios de planificación estratégica en corporaciones, pido a los líderes reunidos que imaginen un futuro en donde en cinco años la compañía sea la mejor de su industria. Una vez que todos han desarrollado las características y atributos de este futuro ideal de la compañía, les pregunto: «¿Es posible?». Uno a uno los ejecutivos comienzan a asentir y dicen: «Sí, es posible. Quizá no en un año, pero sí en cinco años». Después discutimos cómo alcanzar ese ideal en los próximos cinco años. Una vez tengas una visión clara de lo que quieres, la siguiente pregunta siempre es: «¿Cómo?».

Puedes practicar este mismo ejercicio en tu vida. Imagina que no tienes limitaciones: ni de dinero, ni de educación, experiencia, contactos ni ninguna otra. Ahora imagina tu vida ideal en cinco años. ¿Qué estás haciendo? ¿Qué aspecto tiene tu vida? Una vez tengas los detalles de tu sueño, el siguiente paso es hacer que ocurra. Piensa en lo que tienes para empezar a conseguir hoy tu «fantasía de cinco años vista». El gran Peter Drucker escribió: «Sobreestimamos grandemente lo que podemos hacer en un año. Pero subestimamos grandemente lo que es posible que hagamos en cinco».

Establece objetivos y adquiere compromisos

Segundo, los líderes se motivan a sí mismos estableciendo continuamente objetivos más altos. Sabemos que si estableces objetivos cada vez más altos, si sigues esforzándote para asegurarte de que intentas ir más lejos de donde estás ahora, permanecerás motivado.

Y, finalmente, los líderes se motivan a sí mismos adquiriendo el compromiso de los demás. Lo que los líderes descubren es que cuando otra gente se compromete con el sueño, eso a su vez les vuelve más entusiastas y dedicados. Los empleados de Zappos.com están comprometidos con el sueño del presidente Tony Hsieh de una experiencia definitiva en la atención al cliente. ¿Cómo lo sabe? Porque al final de la formación para la atención al cliente a los nuevos empleados de Zappos se les ofrece un cheque de dos mil dólares para que se marchen. Puede parecer una extraña proposición, pero el objetivo es simple: asegurarse de que los empleados que se queden realmente quieran estar ahí y estén comprometidos con los ideales de la compañía. Una diminuta fracción de los nuevos empleados agarra el dinero y huye: cosa que es mejor, porque probablemente nunca estarían tan comprometidos como aquellos que le dan la espalda al dinero fácil por una oportunidad de trabajar para Zappos.

Trabaja duro

El éxito no llega fácilmente. Los líderes se automotivan para trabajar lo que haga falta para conseguir sus sueños. Como consecuencia:

- *Los líderes trabajan más duro.* El lugar de trabajo no es lugar donde socializar. No es lugar donde pasearse por Internet. Los líderes no pierden tiempo cuando están en el trabajo.
- *Los líderes trabajan más rápido.* Siempre están buscando cómo pillar el ritmo, inmediatamente. Nunca están satisfechos con su velocidad. Quieren hacer más cosas y más rápido.
- *Los líderes trabajan más horas.* La mayoría de líderes son los primeros en llegar a la oficina. Y a menudo son los últimos en marcharse. Solo esas horas extra a la semana pueden marcar una gran diferencia en su productividad.

Los líderes están en lo alto del mástil. No pueden depender de que otros les motiven; tiene que motivarse ellos mismos. Por supuesto, ser líder es una experiencia muy motivadora por sí misma.

DIECISÉIS

Desarrollar cualidades de liderazgo

LOS LÍDERES NUNCA dejan de crecer y desarrollarse. De hecho, en uno de los estudios más extensivos sobre líderes realizado en el último par de décadas, lo que descubrimos es que los verdaderos líderes tienen la capacidad de crecer, desarrollarse y evitar caer dentro de una zona de confort. Son estudiantes toda su vida.

Lee y estudia

Una clave para desarrollar cualidades de liderazgo es leer, estudiar y tomar cursos. Todos los líderes son lectores. Aunque estén inundados de trabajo, nunca dejan de aprehender nueva información. Nunca dejan de leer libros y revistas de negocios, de asistir a conferencias, entrar en debates y descubrir lo que está pasando.

George Washington nació en una familia de clase media con pocas ventajas y finalmente se convirtió en el comandante de las fuerzas militares de Estados Unidos y en el primer presidente del país. Durante la turbulenta época de la fundación de nuestra nación, a Washington se le conocía por ser siempre gentil y correcto en sus maneras y conductas. Lo que poca gente sabe es que un libro que leyó de adolescente le ayudó a guiar su comportamiento a lo largo de su larga y ajetreada vida. El libro se llamaba *The Rules of Civility and Decent Behavior in Company and Conversation* [Las reglas de civismo y conducta decente en la compañía y la conversación]. Washington escribió las 110 reglas del libro en una libreta personal y siempre las llevó consigo durante el resto de su vida.

Muchos líderes leen biografías y autobiografías de otros líderes porque están buscando modelos a seguir que les sirvan de ejemplo para sus vidas. David McClelland, de la Universidad de Harvard, investigó el efecto de los modelos en la formación del carácter y la personalidad de los jóvenes. Como explica en su libro *La sociedad ambiciosa*, los hombres y mujeres que la sociedad presenta como modelos a seguir durante la juventud de una persona tienen un mayor impacto en el carácter de esa persona durante el resto de su vida. Aquellos que se convierten en grandes líderes, sin embargo, van más allá de los modelos actuales de la sociedad; ellos buscan a los mejores líderes de la historia por medio de la lectura y el estudio.

Trabaja en las cualidades que te faltan

Hay gente que nace con ciertas cualidades de liderazgo, pero faltándole otras. La mayoría de los grandes líderes se vuelven grandes porque identifican las cualidades de liderazgo de las que carecen y a continuación se proponen adquirir esas habilidades.

Benjamin Franklin, otro de nuestros padres fundadores, también trabajó duro para desarrollar las cualidades que él pensaba que necesitaba como líder. Franklin creía que era demasiado tosco, demasiado discutidor y maleducado para tener éxito. Así que deliberadamente se propuso cambiar su personalidad. Se sentó y escribió una lista de trece virtudes que creía que necesitaba poseer. Y entonces comenzó a aprender a actuar según esas virtudes. Cada semana elegía una virtud para centrarse en ella, como la tolerancia o la tranquilidad. Pero Franklin sabía, como sabía Washington, que las cualidades de liderazgo no se adquieren en solo una semana. Franklin continuó estudiando las virtudes, centrándose finalmente en una virtud específica durante un periodo de dos semanas, después tres semanas, y después un mes. El Franklin grosero y desagradable que una vez fue se convirtió en uno de los diplomáticos más influyentes que trabajaban a favor de nuestra nación en ciernes. Su diplomacia en París fue vital para adquirir los aliados internacionales que los colonos necesitarían para derrotar a una nación tan poderosa como Inglaterra. Y todo comenzó sentándose y trabajando en trece virtudes.

Cuando trabajes para mejorarte a ti mismo, recuerda estas tres reglas:

- *No importa de dónde vengas.* Solo importa hacia dónde vas. No te preocupes por las oportunidades pasadas que pudieras haber perdido o por cualquier error que hubieras cometido debido a una debilidad. Eso queda todo en el pasado. Es el futuro lo que cuenta. Simplemente porque no hayas sido un líder antes no significa que no puedas convertirte en uno.

- *Si quieres que tu vida mejore, tú tienes que mejorar.* De eso es de lo que trata este capítulo. Si quieres ser líder, tienes que desarrollar tus cualidades de liderazgo.
- *Puedes aprender cualquier cosa que quieras aprender.* Puedes convertirte en cualquier cosa que quieras ser. Un líder como Benjamin Franklin sabía lo que quería ser y entonces empezaba a hacer que ocurriera.

Conviértete en un líder mejor

Los líderes siempre están buscando modos de mejorarse. En cuatro pasos básicos puedes mejorar tus habilidades de liderazgo y tus cualidades:

1. *Haz más de ciertas cosas.* Haz más de aquellas cosas que son de mayor valor para ti y más importantes para conseguir tus resultados como líder.
2. *Haz menos de ciertas cosas.* Al mismo tiempo, debes decidir deliberadamente reducir la cantidad de tiempo que pasas en ciertas actividades que impiden tu éxito como líder.
3. *Comienza a hacer a aquellas cosas que no estás haciendo y que necesitas hacer.* ¿Cuáles son las habilidades, competencias o conocimiento que necesitas para tener éxito como líder? Identifícalos y después o adquiérelos o apréndelos.
4. *Deja de hacer ciertas cosas por completo.* Puede que haya actividades que ya no son relevantes para tus objetivos como líder. Da un paso

atrás y evalúa todas tus actividades desde la perspectiva de lo que estás intentando conseguir. Puede que descubras que lo que una vez era importante ya no lo es y no debería tomarte más tiempo.

DIECISIETE

Poder por medio de la cooperación

LOS LÍDERES RECONOCEN que no pueden hacerlo todo por sí solos, así que siempre están alerta para enlistar a hombres y mujeres competentes que puedan ayudarlos a conseguir sus objetivos. Los líderes reconocen que la mayor limitación en cualquier empresa en la sociedad humana es la gente con talento. Así que los líderes siempre están buscando a gente con talento, de un modo u otro.

Busca el consejo de los demás. Una de las reglas más importantes del éxito que he escuchado es que necesitas preguntar tu camino hacia el éxito. Pídele a otras personas la ayuda que necesitas. Pide consejo. Pide recomendaciones. Nunca des por hecho que lo sabes todo ni intentes aprenderlo desde los cimientos. Como se dice, nunca vivirás lo suficiente para cometer todos los errores. Así que pregúntales a los demás y aprende de ellos.

También compensa las debilidades. Sé muy consciente de tus debilidades y averigua cómo compensarlas.

La cuestión es que si puedes compensar tus debilidades y fomentar tus fortalezas, puedes convertirte en un líder excepcional.

Todos los líderes tienen picos de tremenda fortaleza y valles en donde son débiles. Los buenos líderes son capaces de encontrar personas que son fuertes en lo que ellos son débiles; de ese modo pueden concentrarse en desarrollar sus propias fortalezas a alturas aún mayores. No te preocupes por ser débil en algunas áreas porque no importa, siempre y cuando tú lleves contigo a otras personas talentosas que puedan ayudarte a conseguir tus objetivos.

Pasos para la cooperación

Aquí tienes tres pasos importantes para conseguir poder por medio de la cooperación. Lo primero de todos, identifica a las personas clave en tu vida que pueden ayudarte, ya sea que trabajen contigo o en organizaciones paralelas. Identifica a esas personas clave y piensa cómo puedes alinearte con ellas. Una de las maneras mejores y más poderosas de conseguir que la gente te ayude es ayudándoles tú a ellos.

Segundo, toma tiempo para desarrollar relaciones con esas personas clave. Todo en la vida hoy en día trata acerca de las relaciones. Tu éxito en la vida va a estar determinado por la calidad y la cantidad de relaciones exitosas que puedas formar con otras personas de talento.

Finalmente, esfuérzate por preservar y realzar aquellas relaciones que merezcan la pena. Una persona que está en el lugar adecuado en el momento adecuado y con quien has desarrollado una relación de años puede ahorrarte cinco años de duro trabajo.

Grupos creativos

Te recomiendo que establezcas grupos creativos. En San Diego instauramos un grupo creativo de emprendedores: emprendedores exitosos que se reunían regularmente con otros emprendedores exitosos para discutir nuevas ideas empresariales y también recibir críticas y consejos sobre problemas o preguntas empresariales. En algunos casos un emprendedor que había estado lidiando con un problema durante meses encontraba una solución en minutos.

Los grupos creativos pueden estar estructurados o no. En un grupo estructurado puede haber una sesión de lluvia de ideas acerca de un tema o cuestión asignada. Los miembros del grupo a menudo se verán expuestos a nuevas ideas o perspectivas que pueden aplicar a sus negocios. En grupos no estructurados los miembros simplemente se reúnen y discuten cualquier tema por el que estén preocupados.

Un grupo creativo no tiene por qué ser externo. Como líder deberías desarrollar un grupo creativo de personas clave en tu propio negocio u organización con el que reunirte regularmente para obtener una idea general de cómo va el negocio y qué problemas se acercan.

Dependencias gestionadas

El poder supone dependencias gestionadas. Poder es tener a gente que es leal contigo y con la que puedes contar para favores, aunque no estén subordinados a ti de ningún modo. A menudo esas personas están dispuestas a ayudarte porque tú les has ayudado a ellos. Se llama Ley de Reciprocidad. La ley de reciprocidad dice que si haces cosas para ayudar a otra gente a conseguir sus objetivos, se sentirán internamente obligados a hacer cosas para ayudarte a ti a cumplir tus objetivos.

La agradabilidad también es una clave del poder y la influencia. La gente siempre hace más cosas, y mejores, por personas que les gustan que por gente que no.

El poder del discipulado

La mayoría de líderes exitosos tuvieron mentores que los ayudaron a guiarlos a lo alto. Aquí tienes algunos consejos sobre cómo construir mejores relaciones, y más exitosas, entre mentor y discípulo.

- Establece objetivos claros para ti en cada área de tu vida. No puedes saber qué clase de persona puede ayudarte hasta que sepas exactamente qué quieres conseguir.
- Identifica los obstáculos y barricadas en el camino hacia tus objetivos.
- Identifica las áreas de conocimiento, habilidad y experiencia que necesitas para adquirir y superar esos obstáculos. Esto te dirá lo que necesitas aprender de tus mentores.
- Busca a tu alrededor y selecciona a las personas más exitosas en las áreas donde necesitarás mayor ayuda.
- Únete a los clubs, organizaciones y asociaciones empresariales a las que pertenecen esta clase de personas. Puede que conlleve un poco de investigación, pero se puede encontrar esa información.
- Una vez te hayas unido a esos clubs, organizaciones y asociaciones, implícate activamente. Ofrecerte voluntario para misiones o tareas atraerá la atención hacia ti de la clase de

personas a las que quieres conocer más rápidamente que a los demás.

- Trabaja, estudia y practica continuamente para ser cada vez mejor en lo que haces. Para atraer a los mejores mentores necesitas desarrollar una reputación de ser una persona prometedora en tu campo.

- Cuando te encuentres con un mentor potencial, recuerda que estás tratando con una persona muy ocupada. No seas pesado. En vez de eso, pide diez minutos del tiempo de esa persona, en privado, para pedir consejo. Nada más.

- Cuando te encuentres con un mentor potencial, explícale que quieres ser más exitoso en tu campo y que apreciarías mucho una pequeña guía y un consejo. Pide una respuesta a una pregunta específica, o una recomendación de un libro específico u otro recurso, o una idea específica que el individuo encontró útil en el pasado.

- Después del encuentro inicial, envía una nota sincera de agradecimiento a la persona. Menciona que esperas poder llamar a la persona de nuevo si tienes otra pregunta.

- Cada mes envía a tu mentor una pequeña nota acerca de tu progreso y de lo que estás haciendo. Deja claro que estás escuchando el consejo de tu mentor. Estás leyendo los libros y tomando los cursos que recomendó. No hay nada que abra más a un mentor potencial a ayudarte que el que tú dejes claro que la ayuda está haciendo algo bueno.

- Organiza reunirte de nuevo con tu mentor, quizá una vez al mes o incluso más a menudo, si tú y la otra persona trabajan cercanos.

Una nota final: según vayas creciendo y avanzando por el curso de tu vida y tu carrera, pasa a mentores que puedan darte más consejos diferentes, mejores y relevantes para donde te encuentres en ese momento.

DIECIOCHO

Liderar por consenso

LOS LÍDERES GOBIERNAN de tres maneras: por órdenes, por consultas y por consenso.

El modo tradicional de liderar era por órdenes. Un líder daba órdenes y se suponía que todo el mundo debía seguirlas. Hoy los líderes reconocen que establecer órdenes sin consultarlo o sin alguna explicación de por qué las órdenes son necesarias no es un buen modo de mantener a la gente motivada para que lo haga lo mejor posible. Como explica la general Gale Pollock (ya retirada), la primera mujer cirujana general del ejército de Estados Unidos: «Si ordenas a la gente que haga algo que no entienden, no lo harán con todas sus fuerzas. El mejor rendimiento y valor viene cuando les muestras por qué importa».

El segundo modo de liderar es por consulta. La decisión de la consulta es donde le pides a la gente su consejo y contribución, y después tomas la decisión. Es un modo más motivador de liderar a los demás que dando simples órdenes. La gente se dará cuenta de que la decisión final es tuya, pero ellos apreciarán el hecho de que se les consulte en el proceso de toma de decisiones. Y aunque no estén de acuerdo con la decisión final, será más probable que la acaten debido a esta consulta.

El consenso va más allá de implicar a los demás en el proceso de toma de decisiones. En este caso el líder no toma la decisión final; esa decisión final pertenece al grupo al cien por cien. El grupo debe discutir los pros y los contras de cada acción y después finalmente ponerse de acuerdo en la acción a tomar.

Los líderes usarán los tres métodos, y dejarán claro cuando se discuta una decisión crítica qué clase de decisión es. No todas las decisiones son apropiadas para una decisión por consenso o por órdenes. Aunque una decisión por consenso tiene ventajas, no es una excusa para que el líder abdique la responsabilidad. Lo importante es que la gente entienda cuándo algo requiere una decisión por consulta o consenso y cuándo por órdenes.

A los líderes se les paga para que tomen las decisiones difíciles, y a veces eso significa emitir una orden. Aun así los mejores líderes también reconocen que hay una relación directa entre la propiedad de una idea y el grado en que la gente participa en la discusión de la idea. Los líderes se dan cuenta de que cuanto más involucren a la gente en el diálogo sobre una idea, más probable será que se comprometan en su implementación.

Los líderes evitan dar órdenes todo lo posible. Los líderes siempre animan a la gente a pensar, hablar y discutir las ideas porque saben que cuanto más involucren a la gente, más probable será que se comprometan a apoyar la decisión final.

Crea el entorno adecuado

Liderar por consulta o consenso requiere un entorno de alta confianza en el que la gente se sienta empoderada y sin temor de decir la verdad o asumir la responsabilidad. Así es cómo se crea el entorno adecuado para el liderazgo por consulta o consenso.

RESPONDE A LOS PROBLEMAS RÁPIDAMENTE

Nadie quiere hacer un mal trabajo, pero habrá problemas. Si surge un problema, trátalo rápidamente. Habla directamente con la persona implicada y busca con calma soluciones al problema. No culpes, acuses o emitas juicio. Hay muchas probabilidades de que el problema no se haya originado con el empleado, sino más bien con la propia compañía o un supervisor. Sea cual sea la causa del problema, descúbrela y encuentra una solución.

AYUDA A LOS EMPLEADOS A MEJORAR

Los empleados quieren una oportunidad para mejorar. Crea un entorno que no solo permita los errores, sino que realmente anime a los empleados a alcanzar sus niveles de rendimiento. Puedes ayudar a los empleados a mejorar por medio de los siguientes pasos:

- *Clarifica las expectativas desde el principio.* Asegúrate de que los empleados saben exactamente qué resultados esperas de ellos. Haz esos resultados lo más objetivos posible.
- *Establece estándares de rendimiento mensurables.* Recuerda que «lo que se puede medir se puede hacer». Pon medidas económicas en cada producción.
- *Nunca des por hecho que el empleado ha entendido completamente tus instrucciones.* Cuando delegues una tarea

o un proyecto a tus empleados, asegúrate de que tomen notas y después pídeles que te repitan la misión.

▪ *Mantenlos informados.* Dile a la gente lo que están haciendo bien y lo que pueden cambiar y mejorar. La información es motivadora porque envía el mensaje de que estás interesado en su trabajo. Desconocer cómo lo estás haciendo es desmotivador. Sobre todo la gente ama el sentimiento de un trabajo bien hecho. Házselo saber.

Lidia con los problemas calmadamente

A veces es fácil enfadarse o impacientarse cuando surge un problema. Mantén la actitud de que, a pesar de los problemas aparentes, el empleado tuvo las mejores intenciones. Después lidia con el problema calmadamente y de un modo que no humille al empleado.

▪ No critiques al empleado ni discutas el problema en un lugar público. Llama al empleado a tu oficina para hablar de la situación.

▪ Sé muy específico acerca del problema o el error de comprensión. Explica con claridad por qué estás preocupado.

▪ Escucha completamente al empleado. Aunque esté a la defensiva, la parte del empleado en la situación puede arrojar una luz completamente diferente a lo que ha pasado.

▪ Si el empleado ha cometido una falta, establece expectativas claras acerca de cómo el rendimiento del empleado debe mejorar y cuánto. No hay nada más frustrante —y desmotivador— que el que se te diga que resuelvas un desafío o prevengas un problema sin que se te diga cómo. La gente quiere saber exactamente lo que pueden hacer para solucionar el problema.

■ Haz un seguimiento. ¿Ha hecho el empleado los ajustes que se acordaron? Ofrece comentarios y apoyo adicional cuando sea necesario.

DIECINUEVE

Los líderes escuchan

LOS LÍDERES SON fantásticos oyentes. Entre un cincuenta y un sesenta por ciento del tiempo del líder lo pasan escuchando. La clave para ser un excelente oyente es escuchar no solo las palabras, sino lo que va detrás de ellas. Escucha el mensaje real y centra toda tu atención en la persona que está hablando. En las reuniones y en tus conversaciones con los demás:

- *Escucha atentamente.* Limpia tu mente y céntrate en lo que está diciendo el que habla. No intentes «aparentarlo» porque no funcionará: la gente sabrá cuándo tu mente está en otro lugar. Los investigadores han demostrado que en las conversaciones las palabras comprenden solo el siete por ciento de un mensaje. El resto del mensaje se expresa por medio del tono de voz (treinta y ocho por ciento) y, lo más importante, por tu lenguaje corporal, que cuenta en un cincuenta y cinco por ciento del mensaje. Físicamente, ajusta tu cuerpo y adopta una postura de escuchar, que es inclinándote hacia el que habla. Este gesto manda un claro mensaje de que estás escuchando. Y no interrumpas. Si hablas, no estás escuchando.

▪ *Espera antes de responder.* Cuando el que habla pare o haya un tiempo de descanso en la discusión, puede que te sientas tentado a saltar, asumiendo que la otra persona ha terminado. Sin embargo, puede que la persona solo esté reorganizando sus pensamientos un momento antes de continuar. Tu intromisión en este punto se verá como una interrupción. Si paras antes de responder y permites un momento de silencio, te permitirás escuchar lo que quiere decir la otra persona a un nivel más profundo. Tendrás más posibilidades de comprender lo que la otra persona está diciendo porque no andas ocupado formulando tus propios pensamientos mientras ellos están aún hablando. Finalmente, parar cuando la otra persona ha terminado de hablar manda el mensaje de que realmente estás escuchando y que consideras cuidadosamente lo que la persona ha dicho antes de que tú ofrezcas una réplica.

▪ *Pide clarificación.* Hacer preguntas es otra técnica que demuestra que realmente estabas escuchando lo que se decía y no solo pretendías hacer que escuchabas. Del mismo modo, hacer preguntas evitará que hagas suposiciones equivocadas o saques conclusiones erróneas acerca de lo que intentaba decir el que estaba hablando. No supongas que lo entiendes si no estás seguro. Profundiza haciendo preguntas como:

«¿Qué quieres decir exactamente?»
«¿Cómo te sientes acerca de esto?»

Parafrasea con tus propias palabras lo que ha dicho el que está hablando y repíteselo a la persona. No solo sabrá así que has estado escuchando, sino que también sabrá si has entendido lo que ha dicho. Y si has comprendido algo mal, el que ha hablado tiene ahora la oportunidad de corregirte.

- *Escucha sin interrupciones.* Durante la Batalla de Waterloo Napoleón mandó un mensaje a Marshal Grouchy, que tenía a 30.000 tropas a corta distancia del campo de batalla. Como Napoleón le tuvo que mandar el mensaje precipitadamente, las órdenes que le llegaron a Grouchy fueron tan confusas que no supo que hacer, y no hizo nada. Se sentó allí con sus 30.000 hombres mientras Napoleón era derrotado en Waterloo solo unas colinas más allá y el curso entero de la historia europea cambió. Y fue simplemente debido a una falta de atención al mensaje.

Si eres líder y una persona quiere hablar contigo, cierra la puerta, apaga los teléfonos y escucha firmemente sin interrupción. Escuchar es uno de los mejores modos de descubrir qué está pasando. Una actitud informal hacia el que escucha puede ser desastrosa para ti.

VEINTE

Vivir como un líder

LOS LÍDERES SON activos y productivos y establecen el ejemplo para los demás trabajando más tiempo y más duro. Sin embargo, los líderes eficaces también saben que la elección del estilo de vida puede marcar una gran diferencia en su éxito. Los líderes se cuidan a sí mismos física, mental y emocionalmente, lo que les da la energía y la paz mental necesarias para lidiar con los desafíos y el estrés del liderazgo.

Aquí tienes algunas reglas para el estilo de vida que siguen los mejores líderes:

- *Duerme mucho.* Con siete u ocho horas de sueño tendrás más energía y estarás más alerta, positivo y resiliente. Como líder debes estar plenamente presente todo el tiempo. No puedes permitirte estar demasiado cansado ni con ninguna clase de espesura mental.
- *Recarga tus baterías.* Los tiempos de desafíos y crisis pueden ser especialmente agotadores. Aunque pueda

parecer poco productivo, a veces es necesario tomarse un día entero lejos de todo lo que tenga que ver con los negocios.

▪ *Desconecta completamente.* Tal vez el mejor modo de recargar tus baterías es desconectar completamente durante treinta y seis horas. Desde el viernes por la noche hasta el domingo por la mañana, no mires el ordenador, no aceptes llamadas ni tampoco estudies material de tu oficina. Otórgate el equivalente de un Sabbat, y regresarás al trabajo más fresco que nunca.

▪ *Vigila tu dieta.* Tu cerebro necesita la comida adecuada para trabajar con una fortaleza óptima. Elimina los tres venenos blancos: azúcar, sal y harina. Evita el pan, los postres, los refrescos y la pasta. En vez de eso come fruta, verdura y proteínas de alta calidad como las del pescado, los huevos o la carne magra.

▪ *Haz mucho ejercicio.* Los beneficios del ejercicio son químicos. Cuando te ejercitas vigorosamente tu cerebro libera endorfinas —la «droga de la felicidad»— que hacen que te sientas más positivo, confiado y creativo.

▪ *Empieza bien tu día.* Comienza ejercitándote treinta o sesenta minutos después de despertarte, y toma un desayuno de gran calidad, alto en proteínas. Estarás a punto para el día, listo para rendir al máximo.

Elige el silencio y la soledad

Nuestras vidas están llenas de ruidos que bloquean la comunicación y la interacción. Mantén la televisión apagada y, especialmente en el coche, también la radio. Aprovecha los momentos de calma para hablar con tu familia o leer o escuchar materiales educativos, motivacionales o inspiradores. Con los servicios de DVR hoy es posible elegir sentarse frente al televisor más tarde, a ciertas horas convenientes. La televisión o la radio no deberían ser usadas para rellenar un hueco.

Los periodos diarios de soledad también son importantes. Toma entre treinta y sesenta minutos al día para sentarte en silencio solo. Te sorprenderá la cantidad de perspectivas e ideas que emergen del silencio. También tendrás la oportunidad no solo de planear tu día, sino de pensar con claridad lo que quieres a corto y largo plazo. Practicar la soledad con un plan regular te dará la calma, la creatividad y la relajación requeridas para los grandes liderazgos. El escritor francés Blaise Pascal escribió: «Todos los problemas del mundo se originan por la incapacidad del hombre de estar solo en una habitación consigo mismo».

Mantén un equilibrio entre la vida y el trabajo

Los adictos al trabajo no son eficaces. Y, a menudo, la gente que se lleva el trabajo a casa lo hace porque no tiene hábitos disciplinados en el trabajo. Malgastan el tiempo durante el día socializando y después se encuentran con que tienen que trabajar por las tardes o los fines de semana. Es importante mantener un equilibrio entre tu vida laboral y tu vida personal. Cuando vayas a casa toma la decisión de dejar a un lado el negocio y pasar tiempo de calidad con tu familia.

El control es la clave para la felicidad

Según la Ley del Control, la felicidad depende de lo mucho que sientas que tienes control sobre tu vida. La infelicidad es el grado en el que sientes que no estás en control, o que tu vida está controlada por factores externos o por otras personas.

Los psicólogos se refieren a nuestro «locus de control». Tú tienes un locus de control interno cuando estás al mando, cuando determinas lo que te ocurre. Eso te hace sentir fuerte y con propósito. Tienes un locus de control externo cuando sientes que no tienes control sobre tu vida. Las circunstancias, otras personas, e incluso tus propios rasgos de personalidad pueden tener el permiso de controlar lo que te ocurre. Por ejemplo, algunas personas saben que tienen un mal temperamento que socava su eficacia a la hora de trabajar con los demás. Pero se absuelven a sí mismas de la responsabilidad diciendo: «Bueno, así es como soy».

El liderazgo trata de la responsabilidad, y eso incluye la responsabilidad de tomar el control de tu vida y asegurar tu felicidad.

VEINTIUNO

Integridad: la cualidad esencial del liderazgo

EN UNA SALA DE JUNTAS de ejecutivos, una vez escuché a uno de los hombres más ricos de Estados Unidos hacer una declaración que nunca olvidaré. «Yo creo —dijo— que la integridad realmente no es un valor en sí mismo; simplemente es el valor que garantiza todos los demás».

En cualquier lugar que dirija una sesión de planificación estratégica, el primer valor en el que concuerdan todos los ejecutivos es la integridad. Los líderes saben que la integridad, la confianza y la credibilidad son los fundamentos del liderazgo. Los líderes defienden aquello en lo que creen.

El negocio de ser honrado

Jon Huntsman Sénior es un multimillonario que comenzó una compañía de químicos desde la nada y la hizo crecer hasta una compañía de doce mil millones de dólares. Su libro *El negocio de ser honrado* está lleno de historias sacadas de su propia experiencia en donde sistemáticamente se niega a comprometer sus principios. Huntsman dice que la integridad es la razón por la que él ha tenido tanto éxito. «No hay atajos morales en el juego de los negocios, ni en la vida —escribe—. Hay, básicamente, tres clases de personas: las que no tienen éxito, las que tienen un éxito temporal y aquellas que lo llegan a tener y lo conservan. La diferencia es el carácter».

Hay muchos ejemplos de ganadores temporales que ganaron engañando. Durante algunos años a Enron se la citaba como una de las compañías más innovadoras y audaces de Estados Unidos. El presidente de la compañía conocía a las personas más importantes del país, incluyendo al presidente de Estados Unidos. Solo que el éxito de Enron estaba construido sobre mentiras, y los «ganadores» que encabezaban la compañía son casos de estudio en la falta de integridad. Puede que hayas escuchado hablar de Kenneth Lay y Jeffrey Skilling, los caídos presidente y director de operaciones, respectivamente, de Enron. Ellos dominaron los titulares durante muchos meses, mientras que Jon Huntsman Sénior (el padre del candidato presidencial de 2012), continua gestionando su compañía multimillonaria lejos del centro de atención. Los líderes con integridad quizá no sean los más famosos o llamativos de los líderes, y no les importa. Integridad significa hacer lo correcto porque es lo correcto. Y eso es lo que provoca el éxito.

Los líderes mantienen sus promesas. Hacen promesas con cuidado, e incluso de mala gana, pero una vez hecha esa promesa la cumplen sin fracasar. Y siempre dicen la verdad. Jack Welch lo llama «franqueza». Él cree que si tienes miedo de la franqueza entonces no tendrás las agallas para ser un líder eficaz. Vas a rodearte de personas que te digan que sí a todo y que te dirán lo que quieres oír en vez de la verdad. Un líder con integridad no tiene miedo de enfrentar la verdad. Welch llama a esto el principio de realidad, o «ver el mundo como realmente es, no como tú deseas que sea». Tal vez sea el principio de liderazgo más importante y dependiente de la integridad porque requiere veracidad y honestidad. Muchas compañías y organizaciones fracasan porque no siguen el principio de realidad.

Integridad significa decir la verdad aunque sea fea. Mejor es ser honesto que engañar a los demás, porque entonces probablemente también estés engañándote a ti mismo.

Los líderes necesitan confianza, pero también estar abiertos a la idea de que se pueden equivocar. Hay muchos líderes que al final fracasan porque se niegan a cuestionar sus propias suposiciones o conclusiones. Alec Mackenzie escribió una vez: «En la raíz de cada fracaso se encuentran suposiciones errantes».

Hay una diferencia entre tener confianza y estar ciego. Seamos sinceros, en el mundo actual de cambios rápidos, hay una posibilidad de que estés parcial o incluso completamente equivocado. Quizá no estés equivocado, pero abrirte simplemente a la posibilidad va a hacer de ti un líder más eficaz porque abrirá tu mente a nuevas ideas o nuevos pensamientos.

Sin excepciones

De joven, Abraham Lincoln trabajó como dependiente en un almacén. Un día se dio cuenta de que una clienta había pagado unos cuantos peniques de más. Lincoln salió para buscarla, caminando varios kilómetros para regresarle los peniques a la clienta. La historia se hizo conocida y pronto

Lincoln se ganó el apodo de «Abe el honesto». Más adelante su impecable honestidad e integridad fueron factores clave para ayudar al presidente Lincoln a liderar a Estados Unidos a través de uno de los periodos más traumáticos de su historia, cuando la misma supervivencia de la nación estaba en juego. Con la excepción de George Washington, Lincoln es el presidente de Estados Unidos más admirado y respetado por lo que fue capaz de conseguir, pero en el fondo de sus logros estaba la misma integridad que empujó al joven Lincoln a regresarle unos pocos peniques a aquella clienta.

No debería haber excepciones para la honestidad y la justicia. Para Abraham Lincoln el hecho de que la clienta pagara solo unos cuantos peniques de más no tenía importancia: el hecho es que se le debía dinero y no importaba la cantidad. Si estás dispuesto a comprometerte en las situaciones pequeñas, aquellas que «no importan demasiado», entonces te será muy fácil comprometerte con las grandes circunstancias. La integridad es un estado de la mente y no es situacional.

Los líderes siempre erran del lado de la justicia, especialmente cuando otras personas son injustas. De hecho, la verdadera marca del liderazgo es lo justo que puedes ser cuando los demás te están tratando injustamente.

Siete pasos para el liderazgo

Terminemos observando siente pasos o principios para convertirse en líder:

1. *Deseo.* Debes querer genuinamente la experiencia y la responsabilidad del liderazgo.

2. *Decisión.* Toma la decisión de que vas a pagar el precio y vas a practicar estos principios de liderazgo.

3. *Determinación.* Todos los líderes tienen una gran determinación en las partes formativas de sus carreras, tanto para llegar a ser como para permanecer siendo líderes.

4. *Disciplina.* La autodisciplina es la clave. Tu capacidad para obtener control y dominio propios será el factor determinante en lo alto que llegues en la escala del liderazgo.

5. *Modelo a seguir.* Aprende de los líderes que admiras; piensa en cómo puedes incorporar sus conductas a las tuyas.

6. *Estudia.* Lee libros sobre liderazgo, toma clases y aprende qué es el liderazgo efectivo. Piensa siempre en cómo puedes aplicar lo que estás estudiando.

7. *Practica, practica, practica.* El liderazgo se puede aprender. Se debe aprender. El liderazgo es una de las mayores y más urgentes necesidades de nuestra civilización. Hoy más que nunca se te necesita en las filas del liderazgo.

Si practicas las ideas y técnicas de las que te ha hablado este libro y las repites una y otra vez, entonces obtendrás una clara idea mental de ti mismo como líder e inevitablemente te convertirás en el líder que sueñas ser.

ÍNDICE

ABCDE método para priorizar
    tareas, 50– 52
acción
    comunicar razones para, 39
    disposición para iniciar, 19
    responsabilidad por, 64
acción, plan de, 16
acción, orientación a la, 14– 17
acción coordinada, principio
    de, 35
actitud, 62, 64– 65
adictos al trabajo, 91
admiración, 11
adversidad, 42– 45
agradabilidad, 78
agradecimiento, 11
Alejandro Magno, 6
Aníbal de Cartago, 5
ánimo, 32
aprecio, 10
Aprenda optimismo (Seligman),
    64– 65
aprender, de los demás, 75
aprobación, 11

Arbela, Batalla de, 7
áreas de resultados clave, 49
«artista del reflote», 44
atención, 11
audacia, 19
autoeficacia, 58
autoestima, 58– 61
automotivación, 67– 69

Branson, Richard, 60
Brin, Sergey, 12

calma, necesidad de, 90– 91
causa y efecto, ley de, 8
centrarse en resultados, 49– 52
Charles Schwab, 12
Churchill, Winston, 20
claridad, 38
    de objetivos, 34
    preguntas para obtener, 87– 88
clientes, 12– 13
cualidades del producto
    importantes para, 10
    tiempo de los líderes con,
        40– 41

cobardía, 18
competencia, 58
compromiso, 31– 32, 68– 69
    con la excelencia, 48
    para ganar, 33– 36
comunicación, 37– 41, 48
    cara a cara, 40
    de expectativas, 39
    objetivos de, 37– 38
    y motivación, 28
concentración de fuerzas, 25– 26
conciencia, de uno mismo, 59
confianza, 32
confianza, en uno mismo, 53
consenso, 81– 85
consenso, liderar por, 81– 82
construcción del equipo, 46– 48
control, ley del, 91– 92
cooperación, 75– 80
creencia, ley de la, 8
críticas, 56
cualidades del producto,
    importancia para los clientes,
    10
cultura de la organización, 66
Crunch Point (Tracy), 44
culpa, 58

decisiones, 54– 55, 96
    por consenso, 84
    rapidez de, 26
declaración de misión, 11– 12
delegación, 29– 30
dependencia, 29
dependencias gestionadas,
    77– 78
desafío, y motivación, 27– 28

determinación, 97
dieta, 90
dinero, y motivación, 28
dirección, sentido de, 12
disciplina, 97
Disney, Walt, 56
dormir, 89
Drucker, Peter, 17, 68
dudas, esconder, 65

efectividad, centrarse en, 52
ejercicio, 90
elecciones del estilo de vida,
    89– 92
eliminar tareas, 51
elogios, 11
empleados
    delegación a, 29– 30
    desarrollo y formación, 47
    necesidades emocionales,
    28– 29
    oportunidades de mejorar
    para, 83– 84
    porcentaje de capacidad del
    trabajador usada, 27
emprendedor, 14, 56
En busca de la excelencia
    (Peters), 14– 15
engañar, 63– 64, 94– 95
Enron, 94
entorno de trabajo, 83– 85
    y motivación, 27
entusiasmo, 32
Epicteto, 45
equilibrio entre vida y trabajo,
    91
escuchar, 86– 88

estándares de rendimiento, 83
estrategas, líderes como, 22– 26
estrategia militar, lecciones de, 34– 36
estudio, 6, 70– 71, 94
excusas, 56
éxito, 8, 34, 69
expectativas, comunicación de, 39

fecha tope, para objetivos, 16
Federico el Grande de Prusia, 19
formación, 46– 47
fracaso, 42
Franklin, Benjamin, 72
futuro, 20

Geneen, Harold, 47
Goldsmith, Marshall, 63
Google, 12
grupos creativos, 77
Guerra Mundial, Segunda, 20, 47

hábitos de trabajo, modelar, 66
Hesselbein, Frances, 31
Hewlett, Bill, 56
Holmes, Oliver Wendell, 1
honestidad, 95
con uno mismo, 59
Hsieh, Tony, 68– 69
Huntsman, Jon Sénior, *El negocio de ser honrado*, 93– 94
Hurley, Chad, 12

IBM, 12
incompetencia, 48

independencia, 29
información, 84
información, poder de la, 35
innovación, 14, 54
inspiración, 9
integridad, 63– 64, 93– 97
inteligencia (hechos), 47
principio de, 35
interdependencia, 29
interrupciones, escuchar sin, 88

James, William, 8
justicia, 96

Kami, Michael, 17

Lay, Kenneth, 94
lealtad, 32
lenguaje corporal, 86– 87
líder, verse a uno mismo como, 6– 8
liderar con el ejemplo, 63– 66
liderar por órdenes, 81
liderazgo
definición, 2– 3
desarrollo de cualidades, 70– 75
deseo por, 53– 57
estudio del, 5– 6
necesidad de, 1
pasos para, 96– 97
situacional, 44
tipos, 2
líderes transaccionales, 2
líderes transformacionales, 2
Lincoln, Abraham, 5, 95– 96

lluvia de ideas, 77

locus de control, externo e
interno, 91– 92

logros, 9, 68– 69, 78
claridad en, 34
conseguir, 16
de comunicación, 37– 38
identificar, 24
responsabilidad por, 55
unidad desde comunes,
11– 12

Mackenzie, Alec, 17, 95

maniobra, principio de la, 35

Marden, Orison Swett, 42

masa, principio de la, 35

MBWA (management by walking
around, dirigir desde las
áreas), 40

McClelland, David, *La sociedad
ambiciosa*, 71

mentores, 78– 80

miedos, enfrentar, 18– 19

misión, 9– 13

modelos a seguir, 55, 64, 97

Morita, Akio, 41

motivación, 27– 28, 55

Napoleón, 23, 35

negocio, propósito central del,
12– 13

Negocio de ser honrado, El
(Huntsman), 93– 94

Nietzsche, Friedrich, 39

Nordstrom, 12

objetivos, 9, 68– 69, 78

objetivos medibles, 15– 16

obstáculos
a objetivos estratégicos, 24
identificar, 17

ofensiva, principio de, 35

optimismo, 64

órdenes, liderar por, 81

otros, aprender de, 75

Packard, David, 56

Page, Larry, 12

paráfrasis, 87

Pascal, Blaise, 91

«pensamiento del panorama
general», 22

pensamiento extrapolado, 22

pensamiento teleológico, 23

pensar más allá, 15– 17

perseverancia, 20, 61

perspectiva orientada a la
solución, 43– 44

Peters, Tom, *En busca de la
excelencia*, 14– 15

plan estratégico, construcción,
23– 24

planificación, 47

planificadores, líderes como,
22– 26

planificar escenarios,
herramienta, 25

Pollock, Gale, 81

principio de realidad, 95

prioridades, 16– 17, 50– 51, 54

procrastinación, 15

productividad, 66

promesas, 94

promoción, y motivación, 28

propósito

  central, para los negocios,
  12– 13

  encontrar, 9– 13

  PRP (peor resultado posible),
  26

reciprocidad, ley de la, 77

recursos, necesidad para
  objetivos estratégicos, 25

regla del 80/20, 16– 17

relaciones, desarrollo de, 76

resolver problemas, 54– 55, 83,
  84– 85

respeto por los demás, 65– 66

responsabilidad, 28, 50, 55– 56, 92

  del liderazgo, 54– 56

  por las acciones, 63– 64

  y motivación, 28

restricciones, identificar, 17

resultados, centrarse en, 49– 52

retirada, planes de, 47

riesgos, 20

Rodgers, Steve, 58

  *The Rules of Civility
  and Decent Behavior
  in Company and
  Conversation*, 71

Russell, Bertrand, 6

Schweitzer, Albert, 63

seguridad, 32, 95

Seligman, Martin, *Aprenda
  optimismo*, 64– 65

significado, encontrar, 10– 13

Skilling, Jeffrey, 94

soledad, 90– 91

sueños, 67

suposiciones, 95

tareas clave, 54– 55

tareas selectivas, 48

Thatcher, Margaret, 20

tiempo, uso sabio del, 50

tiempo fuera del trabajo, 91

Tracy, Brian, *Crunch Point*, 43

tratamiento de los demás, 60

unidad de mando, principio de,
  35– 36

valor, 18– 21

valoración de situación actual,
  24

vender, por líderes, 41

verdad, 94

victoria, 33

vida ideal, visión de, 68

visibilidad, 40– 41

visión, 67

  de Alejandro Magno, 6

  de ser el mejor, 9– 10

  de vida ideal, 68

  de líderes, 2, 9

voluntariado, 78

Washington, George, 70

Waterloo, Batalla de, 47– 48

Watson, Thomas J., 42, 56

Welch, Jack, 94– 95

Wellington, Arthur Wellesley, 1º
  duque de, 47– 48

Zappos.com, 68– 69

ACERCA DEL AUTOR

BRIAN TRACY es orador, preparador, líder de seminario, consultor y presidente de Brian Tracy International, una compañía de formación y consultoría situada en Solana Beach, California.

Brian impulsó su camino hacia el éxito. En 1981, en charlas y seminarios por todo Estados Unidos, comenzó a enseñar los principios que había forjado en ventas y negocios. Hoy sus libros y sus programas de video y audio —más de 500— están disponibles en 38 lenguas y son usados en 55 países.

Es el autor superventas de más de cincuenta libros, incluyendo *Full Engagement* y *Reinvention*.